Autorengruppe Die Blindschleichen

Der Sandkasten

und andere Erzählungen

Autorengruppe Die Blindschleichen

Der Sandkasten

und andere Erzählungen

Erzählungen und Kurzgeschichten

jugendlicher Autoren

Bibliografische Information der Deutschen Nationalbibliothek: Die Deutsche Nationalbibliothek verzeichnet diese Publikation in der Deutschen Nationalbibliografie; detaillierte bibliografische Daten sind im Internet über dnb.dnb.de abrufbar.

Verlag Die Blindschleiche

1. Auflage
Covergestaltung: Michael Rusch
Coverbild: Sarah Kaye
Lektor: Thomas Striebig
Herstellung: BoD – Books on Demand, Norderstedt
ISBN 978-3-945945-13-1

Dieses Buch enthält Texte folgender Autoren:

Anja Benderoth, * 22. November 1999

Felix Burghardt, * 29. April 1996

Moritz Burghardt, * 14. Juli 1999

Sophie Eichel, * 27. August 2002

Sven Eschlbeck, * 10. November 1999

Jan Fimmers, * 21. November 1998

Jan Gengenbach, * 17. Februar 1998

Marc Hinrichs, * 27. November 2000

Teresa A. Niessing, * 1. November 1998

Johanna Schrader, * 28. März 2003

Adrian Welcker, * 9. September 1998

Maximilian Winkler, * 8. August 1998

Die Zeichnungen auf dem Cover stammen von **Sarah Kaye Müller,** * 29.10.1998

Inhaltsverzeichnis

Vorwort

Wie es zur „Autorengruppe Die Blindschleichen“ kam, ist eine fast schon unglaubliche Geschichte – unglaublich zumal in einer Zeit, in der so viel über allgemeine Verblödung und Abstumpfung, über sprachliche Verarmung, über den Verfall der deutschen Sprache („Der Dativ ist dem Genetiv sein Tod“) oder gleich über den bevorstehenden Untergang des Abendlandes lamentiert wird.

Eine Woche vor den Herbstferien 2014 sprach mich ein Schüler eines Deutschkurses in der Jahrgangsstufe E, also dem ersten Oberstufenjahrgang, der Christian-Wirth-Schule Usingen (CWS) an, Moritz Burghardt: Er habe da etwas – ob ich es vielleicht mal lesen könne? Was es denn sei?, fragte ich. Ein selbst geschriebenes Theaterstück, antwortete er. Keine Frage, dass damit mein Interesse (schließlich habe ich 19 Jahre lang eine Theater-AG geleitet) schlagartig geweckt war – ein Fünfzehnjähriger, der mir ein selbst geschriebenes Stück zum Lesen geben will! Der Text begeisterte mich so, dass ich bei den nächsten Projekttagen in der Schule gemeinsam mit ihm eine Schülergruppe leitete, mit der wir das Stück einstudierten und beim anschließenden Sommerfest auch aufführten.

Gleich, nachdem ich das Stück zum ersten Mal gelesen hatte, deutete Moritz an, dass er auch noch eine Kurzgeschichte verfasst habe.

Und was für eine! Sie trug den Titel „Der Flügel“.

Etwas später erzählte mir Moritz' Mitschüler Sven Eschlbeck,

er schreibe in seiner Freizeit gerne – oft in Freistunden. Zufällig stand zu der Zeit in der Schule gerade ein Schreibworkshop bei der Autorin Antje Wagner an („Unland“, „Vakuum“), in den ich Moritz und Sven schickte. Moritz nahm gleich noch seinen Freund Max Winkler mit, der bald nach dem Workshop prompt auch eine sehr ansprechende Kurzgeschichte präsentierte – und bei der einen blieb es nicht.
In der letzten Doppelstunde vor den Weihnachtsferien ließ ich die drei Jung-Autoren – quasi als Probe-Lesung – Texte vor den Schülerinnen und Schülern des Deutschkurses vortragen, die sich natürlich zuerst darüber freuten, dass scheinbar – aber eben nur scheinbar – kein Unterricht stattfand, dann aber aus dem Staunen nicht herauskamen. Nachdem alle drei ihre Werke vorgetragen hatten, meldete sich die Schülerin Anja Benderoth: Sie habe auch noch einen Text, aber dazu müsse sie ihr Handy einschalten (die Schule ist offiziell „handyfreie Zone“) ... Ja, war das denn zu glauben? Und von Teresa Niessing, gleichfalls aus der Klasse, wusste ich, dass sie ebenfalls schreibt! Und wie! Ein Kurs mit fünf Anwärterinnen und Anwärtern auf den Literatur-Nobelpreis – unglaublich!

Unglaublich, ja. Und noch unglaublicher: Es waren nicht fünf, es waren sechs. Wenig später stieß auch noch Adrian Welcker dazu.

Schließlich veranstalteten wir Lesungen, überlegten uns einen zündenden und dazu etwas selbstironischen Namen – und die „Autorengruppe Die Blindschleichen“ war geboren. Und da im besagten Deutschkurs nicht nur hervorragende Jung-Autoren vertreten sind, zeichnete die Schülerin Sarah

Kaye Müller sozusagen im Handumdrehen eine Blindschleiche, die von da an als Emblem des Verlags Die Blindschleiche fungiert.

Wie passend, dass die Blindschleiche zum Reptil des Jahres 2017 erklärt worden ist!

Auch in den folgenden Monaten waren unsere Blindschleichen nicht untätig. Es gab weitere Lesungen, Moritz hat gleich noch seinen älteren Bruder Felix mit ins Boot geholt, noch mehr Jung-Autoren sind hinzugekommen, mit Jan Fimmers schon wieder ein Schüler des „Blindschleichen-Kurses" – der siebente.

Ich fand und finde, mein Autoren-Nachwuchs hat es verdient, dass die Texte veröffentlicht werden. Und die Texte haben es verdient, gelesen zu werden. Sicher werden Sie, liebe Leserin und lieber Leser, zumindest zeitweise vergessen, dass es sich hier um Texte Dreizehn- bis Achtzehnjähriger handelt. Jedenfalls, was das literarische Niveau betrifft. Dass es zudem überaus reizvoll ist, sich auf die Gedankengänge dieser Jugendlichen einzulassen, versteht sich ohnehin von selbst.

Abschließend sei mir die persönliche Bemerkung erlaubt, dass für mich ein solches Projekt ein singulärer Glücksfall ist, der mich mit großer Dankbarkeit erfüllt.

Usingen, im Februar 2017 Thomas Striebig

Vorfreude ist die schönste F

Sven Eschlbeck

25. November 2014:

Als ich heute Morgen aufgestanden bin, bin ich als erstes in die Küche hinunter gedüst, um nachzusehen, ob es geschneit hat. Hat es nicht, so ein Ärger! Also bin ich wieder hochgerannt und hab mich angezogen. Als ich zum Frühstück wieder herunterkam, bin ich zum Fenster gegangen: Immer noch kein Schnee! Ich fragte meine Mutter, ob es schneien soll, und sie sagte mir, der Schnee werde noch früh genug kommen.

30. November 2014:

Fast eine Woche vorbei und immer noch kein Schnee. Ich glaube, ich werde verrückt! Ich fragte meine Mutter, ob es letztes Jahr auch erst so spät zu schneien begonnen habe. Und was antwortete sie wohl? War doch klar! Der Schnee werde noch früh genug kommen.

01. Dezember 2014:

1. Dezember und immer noch kein Schnee! Als ich heute Morgen aufgestanden bin, habe ich erkannt, dass ich handeln musste. Es ist einfach zu warm! Also habe ich alle Rollläden heruntergelassen und die Heizung ausgestellt. Eine halbe Stunde später stürzte mein Vater halb erfroren unter der

eiskalten Dusche hervor, rannte wutentbrannt (Löst man so Probleme? Ich frage: Löst man so Probleme?) die Treppe herunter und hat mich gefragt, was los ist. Ich habe ihm ganz ruhig und in aller Sachlichkeit – das lernt man ja in der Schule – mein Problem erklärt und er hat mir den Arsch versohlt. Tat verdammt weh!

03. Dezember 2014:

Als ich heute Morgen aufgestanden bin, habe ich mich riesig gefreut: Es hatte Frost. Das erste Mal dieses Jahr. Ich habe Mutti gefragt, ob es schneien solle, und sie? Hat mir einfach nicht geantwortet! Als hätte ich ihr diese Frage jeden Morgen gestellt!!!

06. Dezember 2014:

Heute Morgen bin ich um 4:30 aufgestanden. „Nikolaus, Nikolaus", habe ich geschrien und bin durchs Haus gerannt. Zwei Minuten danach waren meine Eltern dann auch munter. Mein Vater hat mir den Arsch versohlt und ich fand ihn total blöd. Doch dann hat er mir mein Nikolausgeschenk gegeben und ich mochte ihn wieder. Es war eine Wetterstation. Damit ich nicht mehr jeden Morgen nerve, sagte meine Mutter.

09. Dezember 2014:

Meine Wetterstation sagte, dass es morgen schneien sollte. Tolle Wetterstation, dachte ich.

<u>10. Dezember 2014:</u>

Als ich aufgestanden bin, lag Schnee. Endlich! „Schnee, Schnee!“, habe ich geschrien und bin durchs Haus gerannt. Zwei Minuten danach waren meine Eltern dann auch munter. Mein Vater hat mir ***nicht*** den Arsch versohlt. War viel zu verpennt! In der Schule habe ich die Frau Müller mit einem Schneeball voll im Gesicht getroffen, rein versehentlich, ist doch klar. Dann hat die alte Zicke zu Hause angerufen. Mutti hat mir Hausarrest gegeben. :-(

<u>11. Dezember 2014:</u>

Es liegen 20 Zentimeter Schnee und ich muss drinnen bleiben. :-((

<u>20. Dezember 2014:</u>

Heute Morgen hat mir mein Vater den Arsch versohlt. Ich hatte meine Wetterstation kaputt geschlagen. Offenbar hat sie etwas gegen mich. Nie sagt sie Schneefall voraus.

<u>21. Dezember 2014:</u>

Jetzt, wo ich wieder raus darf, ist der gesamte Schnee wieder weg. Da ich keine Wetterstation mehr habe, weiß ich auch nicht, wie sich das Wetter entwickeln wird, aber ich schätze, dass der Winter vorbei ist. :-(((

<u>24. Dezember 2014:</u>

Weiße Weihnacht! Es liegen 30 Zentimeter und ich bin gleich raus zum Spielen. Leider hab ich den Schneepflugfahrer mit einem Schneeball getroffen und Hausarrest bekommen, dabei war das total unabsichtlich, ich schwöre es, aber der alte Blödmann, der mich sowieso nicht ausstehen kann, musste mich natürlich sofort wieder anschwärzen. :-(((

Aber das Schlimmste ist: Für morgen gibt es eine Unwetterwarnung – es soll innerhalb von zwölf Stunden einen halben Meter Neuschnee geben!

Wie ich vom Sofa nach Rom fiel

Johanna Schrader

„Lisann!“ Stella stach mir ihren Ellenbogen in die Rippen. „Dieser Schauspieler – ist das nicht der aus *Tomb Raider*?“ Ich antwortete nicht. Um mich herum drehte sich alles, das Sofa, auf dem ich gerade lag, schwankte so seltsam hin und her. Warum musste Stella auch einen Actionfilm auswählen, wo mir davon doch eigentlich immer schlecht wurde! Aber bei diesem war es offenbar besonders schlimm. Ich blinzelte, als würde ich die Welt durch Wasser sehen. Es half nichts. Alles, was ich noch erkennen konnte, waberte nun zu allem Übel auch noch wie Nebel um mich herum, die Farben ... waren doch sonst nicht so komisch. Ob ich einen Hirntumor hatte? Wäre ja möglich ...

„Lisann?“ Offenbar hatte Stella registriert, dass ich dem Film nicht mehr so gebannt folgte, wie ich es zu Beginn getan hatte. „Geht’s dir nicht gut? Ist alles in Ordnung?“ Nein. Nichts war in Ordnung. Die Welt drehte sich und jetzt trübte sich auch noch meine Sicht. Ich versuchte, meiner Freundin etwas zu sagen, herauszufinden, wo sie überhaupt war. Aber versucht ihr mal, irgendwas zu erkennen, wenn ihr durch gewölbtes Milchglas schaut! Ungefähr so fühlte ich mich gerade. Wie jemand, der kopfüber in ein milchiges Einmachglas gestopft worden war. Gott, war mir übel! Ich fühlte mich wie in einer dieser Maschinen, in die Astronauten steigen, wenn sie für den Weltraum trainiert werden. „Lisann!“ Wahrscheinlich brüllte Stella mittlerweile, aber ich hörte nur noch wie durch Watte. Himmel, mir taten auf der Stelle alle Leute leid, die einen Hirntumor hatten. Wenn sich das so anfühlte … Wasser. Ich musste jetzt unbedingt trinken. Ächzend erhob ich mich. So furchtbar hatte ich mich noch niemals zuvor in meinem ganzen Leben gefühlt. Mit einem Ruck riss es mich von meinen Beinen. Super, jetzt fiel ich auch noch hin.

Ich hörte wieder etwas deutlicher, vielleicht wegen des Aufschlags auf dem … hm, sehr sandigem Teppichboden. Meine Mutter würde es sicher nicht gut heißen, dass Stella und ich wieder mal unsere Schuhe anbehalten hatten. Stella drehte den Fernseher lauter. Oder hörte ich einfach wieder besser? Jemand zog mich auf die Beine. Autsch. Jemand mit einem sehr festen Griff! Ich hatte nicht gewusst, dass Stella so hart zupacken konnte.

„Wo kommst du denn her?“, fragte sie. Wie? Ich hatte doch die ganze Zeit neben ihr gesessen. Da fiel mir die veränderte Geräuschkulisse des Fernsehers auf. Hufgeklapper. Pferdewiehern. Pferde? Seit wann ritt James Bond denn auf einem Gaul durch die Gegend? Uhrg! Dieser Gestank. Entweder hatte jemand gerade beschlossen, vor unserem Fenster zu düngen, oder das Fernsehen war neuerdings 4D. Ich öffnete mühsam die Augen. Ah, Mist, immer noch alles nebelig. Doch langsam wurde meine Sicht wieder klarer. Vor der Terrassentür, falls man es denn so nennen konnte, eher ein Loch in der Wand, stand eine Person und warf etwas zwischen einige verkümmerte Pflanzenreste. Ein paar Pferde stolzierten über die Straße. Allerdings trug keines von ihnen James Bond auf seinem Rücken. Mein erster Gedanke war: Wow, ich bin echt gut darin, an Gerüchen zu erkennen, was um mich herum los ist! Und als Zweites dachte ich: Wo zum Teufel bin ich?

„Meine Güte!“, seufzte Stella und lockerte ihren Griff. Ja, meine Güte. Denn nun erkannte ich, dass es gar nicht Stella war. Wie war ich hierher gekommen? War ich vielleicht aus dem Hubschrauber, der mich ins Krankenhaus bringen sollte, hinaus und direkt in irgendwelche Dreharbeiten gefallen und von diesem fremden Mädchen in ein Haus mit Loch in der Wand gezogen worden, damit ich nicht von den Pferden auf der Straße umgeritten wurde? Na, eher nicht. Ich besann mich auf die Sesamstraße. Wer nicht fragt, bleibt dumm. „Wer bist du? Wo bin ich, was ist passiert? War ich nicht eben noch in meinem Wohnzimmer? Wo ist der Fernseher abgeblieben? Und wo ist Stella? Warum stinkt es hier so, müsste ich nicht im Krankenhaus sein? Bin ich vielleicht ins Koma gefallen?“, begann ich eine ungestüme Flut an Fragen. Ich brachte sie alle über die Lippen, ohne auch nur einmal Luft zu holen. „Komm erst mal raus hier, bevor du von den Legionären meines Vaters erwischt wirst, die sind sicher bald zurück!“, beschloss das fremde Mädchen und zog mich durch ein Hintertürchen hinaus in eine kleine Gasse und dort in den nächstbesten Hauseingang. Fast im selben Moment kam etwas von oben herunter. Eine Brühe, von der ich nicht wissen wollte, was sie enthielt. Ich stöhnte. Da, eine Hauswand! Dankbar lehnte ich mich gegen sie. Puh, war das anstrengend. Ich schloss die

Augen wieder. Jetzt wollte ich endlich Antworten. „Wer bist du?“, flüsterte ich beinahe. Meine Augenlieder fühlten sich unheimlich schwer an. Trotzdem machte ich mir die Mühe, sie zu öffnen. Ich wollte schließlich nicht unhöflich sein.

„Ich?“ Das Mädchen, welches mich offenbar doch von der Straße gezerrt hatte, wirkte erstaunt. „Ich bin Agatha Benificia, man kennt mich doch hier. Mein Vater meint immer, ich mache meinem Namen alle Ehre. Ich helfe den Armen und Bedürftigen, ich bringe ihnen Brot, warme Kleider und Bohnen aus meinem Garten.“ Agatha Beneficia, Agatha, die Wohltäterin. Na, von wegen. Misstrauisch beäugte ich den Inhalt des Korbes, den sie auf dem Rücken trug. Dieses Brot würde ich nicht einmal mehr einer Ratte anbieten. Und die Fischreste erst! Zudem waren die Bohnen sicherlich nicht aus ihrem Garten, sondern eher von der Müllhalde aufgesammelt. Und die Lumpen, die sie warme Kleidung nannte ...

„Die meisten Armen, denen ich Essen gebe, wollen mir im Gegenzug alles geben, was sie besitzen. Aber ich nehme ihr Lächeln zum Lohn, es ist das Schönste, was sie mir geben könnten.“ Ah, so eine Art von Mädchen war sie also. Eine, die den ach so Armen half und gerne damit angab. Ich seufzte. „Und wo bin ich?“, wiederholte ich meine zweite Frage. War es wirklich erst die zweite? Es kam mir alles so unfassbar lang vor. „Also wirklich, du könntest dich vielleicht einmal bedanken, anstatt so zu seufzen und dauernd dumme Fragen zu stellen. Immerhin habe ich dich gerade von einer viel berittenen Straße geholt. Nein, so was Undankbares!“, meckerte sie. Aha, beleidigt war sie also auch noch schnell. Und von wegen undankbar, ich war sogar sehr dankbar, allerdings der Hauswand gegenüber, an der ich gerade lehnte. „Das eine Pferd hätte dich übrigens fast zu Mus zertrampelt“, fügte Agatha noch hinzu.

Himmel, wo war ich hier bloß gelandet? Mir ging wieder die Vermutung mit dem Hirntumor durch den Kopf, auch wenn es sehr, SEHR unwahrscheinlich war, aber man musste schließlich alle Möglichkeiten in Betracht ziehen, das hatte sogar Sherlock Holmes gesagt. Der Tumor jedenfalls würde die Schwindelgefühle erklären. Aber nicht das altertümlich gekleidete Mädchen, das Agatha hieß, die Armen mit schimmeligen Bohnen, stinkenden Fischskeletten und Brot, welches man praktisch als Hammer benutzen konnte, fütterte, schnell beleidigt war und mich jetzt prüfend anstarrte. Kein Problem, das konnte ich auch. Ha! In den Starrwettkämpfen, die Stella und ich immer ausführten, wenn wir uns stritten, hatte ich noch nie verloren. Leider schien diese Agatha auch eine Freundin zu haben, die sie regelmäßig anstarren konnte. Sie war jedenfalls besser als ich darin.

Ich betrachtete ihr Kleid. Dieser komische Rock. Diese Frisur. So etwas trug doch heute kein Mensch mehr. Moment. Ich versuchte den Gedanken zu fassen, der direkt vor mir in der Luft hing, der aber weit genug weg war, sodass ich ihn nicht fassen konnte. Hach, die Lösung war nicht mehr weit. Ich konnte förmlich spüren, wie es in meinem Kopf zu rattern begann. Agatha runzelte die Stirn. Ihr Kleid raschelte um ihre Beine. Sie sah so aus, als sei sie dem 12. Jahrhundert entsprungen. Nein, eher noch vor Christus. Agatha starrte mich noch immer mit ihrem sei-nicht-so-undankbar-und-wer-bist-du-dass-du-mich-nicht-kennst-Blick an. „Wer bist du überhaupt?“ Ich hatte ihren Blick also richtig gedeutet. Geistesabwesend stellte ich mich vor. „Lisann? Was ist das denn für ein Name? Der gefällt mir nicht, ab jetzt heißt du Aurora!“, meinte Agatha bestimmt. Wie bitte?! Hatte diese Agatha sie noch alle? Aurora?! Was für ein bescheuerter Name! Die Göttin der ... hmm, ich glaube, Morgenröte war das gewesen. Bekloppt. Außerdem glaubte ich mich erinnern zu können, dass meine Großmutter so hieß. Andererseits, sie hieß selber wie eine der Omas aus dem Seniorenheim Langewiese ...

Eigentlich hatte ich ihr wütend diese Tatsache entgegenschleudern wollen, aber ich sagte stattdessen bloß lahm: „Du hast doch kein Recht, einfach so meinen Namen zu ändern.“ „Wie bitte?“ Jetzt sah Agatha verärgert aus. „Ich bin die Tochter vom Konsul Quintus Claudius Pulcher und du willst mir vorschreiben, ich dürfe deinen Namen nicht ändern, wenn es mir gefalle?“

Wie war das? Quintus Claudius Pulcher? Aus dem Lateinunterricht wusste ich, dass Claudius so etwas wie „Hinkender“ oder „Lahmer“ hieß. Und Pulcher in etwa „der Schöne“. Also der „hinkende Schöne.“ Der Arme. Bestimmt war er als Kind eines dieser Mobbingopfer gewesen und hatte seiner Tochter aus Frust diesen Oma-Namen verpasst. Oder es war Tradition in der Familie Claudius Pulcher, besonders bescheuerte Namen auszusuchen. Doch Agatha war noch nicht fertig. „Du bist wahrscheinlich nicht einmal angemeldet, schäm dich, du Plebejerin!“ Stopp, Moment, irgendwas lief hier gewaltig schief. Ich hatte vielleicht einen Gehirntumor, musste ins Krankenhaus und war einer verrückten Agatha in die Hände gefallen, die mich mit einem Plebejer verwechselte, meinen Namen ändern wollte und mir sagte, ich solle mich schämen. Hm. Plebejer. Waren das nicht die Römer gewesen, die nicht adelig gewesen sind? In Geschichte war ich noch nie die herausragende Schülerin gewesen. Aber wie war ich, falls es stimmte, von meinem Wohnzimmer aus nach Rom gekommen? Und außerdem gab es da doch heute gar keinen Unterschied zwischen den Menschen mehr, oder?

Auf einmal ging mir ein Licht auf. Das Kleid. Die Frisur. Der Gestank. Die Pferde. Der Teppichboden, der sich in festgetretene Erde verwandelt hatte. Die Verwechselung mit dem Plebejer. Daran war kein Tumor schuld. Nein. Das hatte einen anderen Grund. Wie immer ich es gemacht hatte, aber ich war durch die Zeit gereist.

Verschlafen

Marc Hinrichs

Ronald öffnete seine Augen und blinzelte verschlafen zum laut klingelnden Wecker auf dem Nachttisch hinüber. Acht Uhr morgens. „Mist!“, rief er aus. Er gähnte, streckte sich und stand auf. Dann lief er auf wackeligen Beinen über die am Boden verstreuten Klamotten zur Tür. Seine Mutter würde wütend sein, denn er sollte schon seit einer Stunde wach sein. Ronald wollte noch schnell unter die Dusche, sich umziehen, etwas essen und dann zum Bus rennen. Aus dem Bad hörte er leise Wasser plätschern. 'Gott, als wäre ich noch nicht spät genug!', dachte er sich. Er klopfte an die Tür, doch er erhielt keine Antwort. „Mum? Ich bin wach, ich muss in zwanzig Minuten los!“, rief er. Wieder keine Antwort. Jetzt versuchte er, die Tür zu öffnen. Verschlossen! „Mum, bist du da drin?“

Stille.

Seit Ronalds Vater vor sechs Wochen gestorben war, hatte sich seine Mutter sehr verändert, doch die Tür zum Badezimmer hatte sie noch nie verschlossen. Warum auch? Er kratzte sich am Kopf, bevor er sich mit einem resignierenden Schulterzucken zur Küche begab. Wie im Autopilot tappten seine Füße über den Linoleumboden und er stellte sich vors Regal. „Toast wird’s heute sein!“, beschloss er und nahm sich zwei Scheiben Toastbrot.

In diesem Augenblick wanderten seine Augen zur Küchentheke.

Eine freie Stelle neben der Mikrowelle.

Ronald schaute sich um.

Wo war der Toaster – – ?

Weiße Weihnachten

Anja Benderoth

Dienstag, der 17. Dezember.

Es schneit. Kalter, kühler Schnee fällt leise vom Himmel. Doch auf der Straße verwandelt er sich in Matsch. Grauen Schneematsch. Ein lauter Knall, ein schrilles Quietschen verdrängen die friedliche Stille. Der Schneematsch spritzt in alle Richtungen.

Montag, der 23. Dezember.

Amanda saß vor dem Fenster. Sie beobachtete die kleinen Eiskristalle. Sie war so nahe dran, konnte ihre Kälte fühlen. Und doch schienen sie unendlich weit entfernt. Und doch schien sie nichts zu spüren. Es klopfte an der Tür. Es war ihr gleichgültig. Kalt beobachtete sie das vorweihnachtliche Treiben. Die vielen Menschen, die lachend über den Platz vor ihrem Fenster schlenderten, stimmten sie wehmütig. Es klopfte wiederholt. „Amanda?“ Amanda reagierte nicht darauf, äußerlich.

Doch wie war es innerlich? Natürlich hatte sie die tiefe Stimme erkannt. Als sie sich langsam umdrehte, die weißen, eintönigen Wände langsam an ihr vorbeizogen, erblickte sie das strahlende Gesicht ihres Vaters. Für Amanda war es unverständlich, wie er bei ihrem Anblick so froh sein konnte. Seit dem Unfall war sie anders. Anders als alle anderen und doch irgendwo gleich. Nur dass sie nie wieder tanzen würde, nie wieder Schneeflocken fangen würde. Nie wieder war eine lange Zeit. „Amanda?“ Ihr Vater ging auf sie zu und kniete sich vor ihr nieder, sodass er ihr in die hellblauen Augen schauen konnte, die etwas grau und trübe aussahen.

„Ich habe eine gute Nachricht für dich.“ Sie konnte seinen Blick nicht erwidern, sie war nicht stark genug. Eine gute Nachricht? In ihrer Situation? Was war die Definition von gut? Sah ihr Vater das auch so wie sie? „Du kannst Weihnachten zu Hause feiern. Der Arzt hat sein Einverständnis gegeben.“ Die Klangfarbe seiner Stimme war fröhlich und auch ein wenig mitfühlend. Und auch bemerkte sie einen traurigen Unterton, den er verstecken wollte, und dennoch hörte sie ihn. Sie fühlte sich schlecht. Sie wollte nicht, dass ihr Vater traurig war, das hatte er nicht verdient. „Schön“, sagte Amanda mit einem aufgesetzten Lächeln. Zu Hause, was war das? Sollte man sich nicht dort geborgen fühlen? Amanda fühlte sich nirgends geborgen. Sie sehnte sich nach diesem Ort.

Der Morgen des Heiligen Abends war bereits angebrochen. Eine Krankenschwester kam und schob sie hinaus. Sie hatte ihre Tasche auf dem Schoß, mit der sie früher immer zum Sport gegangen war. In nächster Zeit würde die Tasche nicht viel Verwendung finden.

Am Fahrstuhl angekommen rief die Krankenschwester den Aufzug. Amanda machte sich in ihrem Rollstuhl so klein wie möglich, die Blicke der anderen, die zum Teil freundlich, zum Teil neidisch waren, verunsicherten sie. Sie fühlte sich nicht wie Amanda. Sie fühlte sich nicht wie sie selbst, sondern wie irgendein Mädchen, das nie wieder laufen konnte. Das nie wieder Spaß haben würde.

Der Aufzug kam mit einem hohen Geräusch, der Amandas Gedanken unterbrach. Sie wusste nicht wirklich, ob sie sich auf die bevorstehende Zeit freuen sollte. Ihr war zum Weinen zumute. Die Stille bedrückte sie und doch war sie froh, dass es nur Stille war.

In der Eingangshalle wimmelte es nur so von glücklichen, vereinten Familien, die fröhlich auf die kommende Zeit blickten. Säuglinge schrien und ältere Menschen unterhielten sich und Amanda war mittendrin. Am Ende der Halle warteten ihre Eltern. Sie schienen glücklich und doch trennte eine Kälte sie. Sie hatten sich nur wegen ihr zusammengetan. Sie wollten Amanda nicht mit dem Streit belasten, der sonst zwischen ihnen herrschte. Wieso schien alle Welt nur zu denken, dass sie das alles nicht bemerkte? Traute denn niemand ihr auch nur das Geringste zu? Die Krankenschwester verabschiedete sich mit den geheuchelten Wünschen, welche sie auch den anderen Patienten mit auf den Weg geben würde, die sie heute bis an die Tür des Krankenhauses begleiten würde.

Wie in einem Film nahm Amanda wahr, wie ihr Vater sie über den Platz zum Auto schob. Den Rollstuhl hatten sie für die drei Tage mitnehmen dürfen. Wie großzügig. Ihr Vater hob Amanda hoch und setzte sie auf den Beifahrersitz. Seit dem Unfall hatte Amanda viel abgenommen, nicht nur ihre Muskeln waren stark zurückgegangen, auch hatte sie in letzter Zeit kaum Appetit und aß nur das Nötigste. Die Stimmung im Auto war bedrückt und das änderte sich auch nicht, als ihr

Vater die Stille durchbrach und die vielen tollen Sachen erzählte, die er in letzter Zeit erlebt hatte. Seine Stimme war voller Begeisterung, so als wolle er alle Insassen mitreißen. Amandas Gedanken schweiften ab. Sie beobachtete wie so oft die vielen verschiedenen Menschen, die es alle so viel besser haben mussten als sie. Es war zur Gewohnheit geworden.

Braungrauer Schneematsch klebte an den Radkästen der vorbeifahrenden Autos und spritzte nach allen Seiten hin weg. Als ihre Eltern bemerkten, dass Amanda auf keine ihrer Bemühungen reagierte, trat wie so oft ein verlegenes Schweigen ein. Warum versuchten ihre Eltern andauernd, sie zum Reden zu bringen? So langsam mussten sie es doch verstanden haben. Nach einer Weile schaltete ihr Vater das Radio ein, aus den Lautsprechern erklangen fröhliche Weihnachtslieder. Amanda konnte all diese Freude nicht nachvollziehen, sie fühlte sich alleine gelassen.

Als sie vor dem Haus ihres Vaters mit einem leichten Quietschen zum Stehen kamen, sehnte sie sich plötzlich nach etwas, das sie selbst überraschte. Amanda sehnte sich nach Nähe, nach Geborgenheit.

Ihre Mutter schloss die Haustür auf und eine Welle von verschiedenen Gerüchen überflutete sie. Es war alles so anders als das sterile Krankenhaus. Es duftete nach frisch gebackenen Plätzchen und Vanille. So weihnachtlich. Ihre Mutter schob sie in ihr neues Zimmer, das nun im Erdgeschoss lag, ließ sie stehen und kehrte zurück in die Küche. Abgeschoben. Einfach stehen gelassen.

Das ganze Haus war umgestaltet worden – nur wegen ihr.

Und abermals fühlte sie sich schlecht, sie wollte niemandem zur Last fallen. Erstaunt bemerkte sie, dass ihre Eltern keine Kosten und Mühen gescheut hatten, um ihr das Leben so erträglich wie möglich zu machen. In ihrem Zimmer standen ein Spezialbett, ein Schreibtisch, ein paar niedrige Regale und ein Kleiderschrank, der nur brusthoch war – bei einem stehenden Menschen, versteht sich. Doch keinen einzigen Stuhl gab es in diesem Raum, und als dies Amanda auffiel, deprimierte es sie umso mehr. Jetzt konnte jeder auf den ersten Blick sehen, dass hier niemand „Normales" wohnte. Nicht zum ersten Mal wünschte sie sich, sie habe den Unfall nicht überlebt, dann wären ihr viele Enttäuschungen erspart geblieben. Ein paar Minuten später entdeckte sie die vielen Grußkarten und Geschenke, welche auf ihrem Schreibtisch lagen. Bis zum Abendessen war sie damit beschäftigt, die vielen Karten, zum Teil von Leuten stammend, die sie gar nicht kannte, zu lesen. Mit roten, verweinten Augen verließ Amanda ihr apfelgrünes Zimmer, welches genauso unpersönlich war wie das Zimmer im Krankenhaus, in dem sie die letzte Zeit verbracht hatte. Noch nicht einmal die Urkunden ihrer gewonnenen Wettkämpfe hingen an der Wand, was vermutlich auch einfacher für sie war, und doch vermisste sie sie. Als Amanda durch die Tür ins Esszimmer rollte, hielten die Eltern in ihrer Unterhaltung inne, die mal wieder einen grenzwertigen Tonfall erreicht hatte. Ihre Nase hatte sie nicht getäuscht, der Kartoffelsalat und die Würstchen waren schon aufgetischt. Der Ausdruck im Gesicht ihrer Eltern war voller Sorge. Nur ihr schlechtes Gewissen, unnötig viel Arbeit gemacht zu haben, brachte sie dazu, sich an den für sie vorgesehenen Platz zu begeben. Er war einfach zu finden, der Platz ohne Stuhl. Nachdem ihre Eltern sie überredet hatten, wenigstens einen Löffel Kartoffelsalat zu essen, war der Moment gekommen, vor der Amanda sich schon die ganze Zeit gefürchtet hatte: das Öffnen der Geschenke unter dem Weihnachtsbaum. Doch als Amanda ins Wohnzimmer kam, lagen keine Geschenke unter dem schön geschmücktem Weihnachtsbaum, entgegen ihrem Brauch. Man hätte nicht sagen können, dass Amanda enttäuscht war, denn es traf eher das Gegenteil zu. Ein wenig erleichtert darüber, dass sie noch Zeit hatte, bevor sie die Geschenke öffnen musste, entspannte sie sich und betrachtete den weißen Schnee, der zu ihrer Freude liegen blieb. Es waren wirklich weiße Weihnachten. Lange war es her, dass sie sich so entspannt hatte, denn es erinnerte sie nur zu gut an die vergangene Zeit, in der sie mit ihrer einstigen Freundin durch die Wälder gezogen war. Mit ihrer *einstigen* Freundin! Eine Freundin, die in schweren Zeiten nicht zu einem hält, was war das für eine Freundin? Gar keine. Sie seufzte bei dem Gedanken und musste ein Weinen unterdrücken.

Amanda traute ihren Augen kaum, als plötzlich ein kniegroßer, heller Labrador ihr entgegenkam und freudig mit dem Schwanz wedelte. Zunächst lief er ein paar Runden um ihren Rollstuhl, danach legte er seine Pfoten vorsichtig auf ihre Knie und schaute sie mit seinen tiefbraunen Augen an. Sein Blick war voller Freude, dass es Amanda gab. Und er war aufrichtig. Das war das, was Amanda am meisten beeindruckte. Als Amanda aufsah, sah sie ihre Eltern Arm in Arm im Türrahmen stehen.

„Wie heißt er?“, fragte sie. Ihre blauen Augen strahlten das erste Mal seit langer Zeit wieder.

Rosen blühen nur im Sommer

Teresa A. Niessing

Sie spaziert den hellen Kiesweg entlang. Die kleinen Steinchen knirschen leise unter ihren Stiefeln. Der Wind, der die Blätter der Bäume leise rauschen lässt, streift angenehm kühl durch ihr langes Haar. Mit zielsicheren Schritten verlässt sie den Weg und folgt dem nur allzu vertrauten Pfad. Das leise Plätschern des Brunnens dringt an ihr Ohr. Wie immer macht sie kurz Halt und setzt sich an den Brunnenrand. Mit den Fingern streicht sie sanft durch das Wasser und die Tropfen rinnen trotz der sommerlichen Hitze eisig kalt über ihre Haut. Ihr Blick gleitet über das klare Wasser und ihr Spiegelbild sieht ihr mit einem ruhigen Lächeln entgegen. An den kühlen Steinen hat sich mit der Zeit ein wenig Moos gebildet. Dunkelgrün. Wie seine Augen. Sie schließt die Ihren und spürt die erfrischende Kälte des Wassers nun noch intensiver als zuvor.

Seine Hände zitterten und waren mit einem Mal unangenehm schwitzig. Er schluckte und fuhr sich erneut sich durch die leicht zurückgegelten Haare. Verdammt, er musste inzwischen vollkommen zerzaust aussehen. Aber jetzt war es endlich so weit. Mit einem letzten tiefen Durchatmen legte er seinen Finger auf den Klingelknopf. Das Läuten war bis nach draußen zu hören und hallte beinahe unwirklich zwischen dem Gezwitscher der Vögel und dem Zirpen der Grillen in seinen Ohren nach. Sein Herz machte einen Satz, als er eine

Bewegung hinter der Tür wahrnahm, und bevor er sich wieder fassen konnte, blickte sie ihm auch schon entgegen. „Hi!“ Der Klang ihrer hellen Stimme jagte ihm einen kurzen Schauer über den Rücken, doch glaubte er, auch einen Hauch von Unsicherheit in ihr zu erkennen. „Hey, oh, wow ...“ Er klang etwas heiser vor Nervosität und musste sich zusammenreißen. „Du siehst wirklich toll aus.“ Ihr lockiges Haar hatte sie leicht zurückgesteckt, nur eine einzelne Strähne schmiegte sich sanft an ihre Wange und erweckte in ihm das Bedürfnis, sie ihr zärtlich hinters Ohr zu streichen. Die langen Perlenohrringe betonten ihr hübsches Gesicht mit dem dezenten Make-up. Um ihren schlanken Hals lag eine schlichte Silberkette mir einem kleinen Schmetterlingsanhänger. Er erkannte ihn. Diesen Anhänger hatte er ihr zu ihrem zwölften Geburtstag geschenkt. Sie trug ein knielanges, leichtes hellblaues Kleid. An der Seite war es leicht gerafft und schmeichelte ihrer schönen Figur. Durch die silbernen, hohen Schuhe war sie beinahe so groß wie er. Beinahe. Er lächelte bei dem Gedanken daran, wie oft er sie damit aufzog, dass sie so viel kleiner als er war. Sie erwiderte sein Lächeln und streckte sich noch ein wenig, als hätte sie exakt dasselbe gedacht. „Das ist für dich“ Er überreichte ihr den schön gebundenen Strauß Rosen. „Das dachte ich mir schon. Danke“, erwiderte sie mit einem leisen Lachen, und nahm die Blumen entgegen. „Dann lass uns fahren“, sagte er leise und nahm sie bei der Hand. „Ich bin so weit“, flüsterte sie. „Ich kann noch gar nicht glauben, dass wir es jetzt hinter uns haben. Ich meine, ich weiß noch so genau, wie du an unserem ersten Schultag auch hier vor der Tür standest, und jetzt ...“ Er strich mit dem Daumen zärtlich über ihren

Handrücken und sah sie ernst an. „Nur waren wir da nicht ganz so schick angezogen.“ Er grinste, und sie verdrehte leicht die Augen, konnte sich ein Schmunzeln jedoch ebenfalls nicht verkneifen. Den restlichen Weg zum Auto legten sie schweigend zurück, jeder hing seinen Gedanken nach. So viele Erinnerungen überwältigten ihn in diesem Moment, und er wusste seine Gefühle nicht in Worte zu fassen. Jeden Morgen hatte er an ihrer Tür geklingelt, jeden Morgen waren sie gemeinsam in die Schule gegangen. Fast jeden Nachmittag hatten sie dann gemeinsam Hausaufgaben gemacht oder gelernt. Doch das alles sollte jetzt vorbei sein. Die letzten Wochen waren wirklich anstrengend gewesen, doch jetzt hatten sie beide ihr Abitur gut bestanden. Schon so lange hatten sie sich auf diesen Abend gefreut, von Anfang an hatte für sie festgestanden, dass sie zusammen zum Abiball gehen würden. Da waren so viele Gefühle in ihm, und als sie am Auto stehen blieben und sie sich zu ihm umdrehte, spiegelten sie sich alle in ihren Augen. Die Vorfreude auf den Abend, der Stolz und die Begeisterung über das, was sie geschafft hatten, die Angst vor dem Neuen, vermischt mit einer wilden Euphorie, die Wehmut, über die schönen Zeiten, die nun vorbei waren und zu Erinnerungen werden würden. So vieles stand in dieser Sekunde zwischen ihnen, und beide spürten sie, was der andere fühlte. Es gab so viel zu sagen, so viel, worüber sie reden mussten. Er zog sie sanft an sich. „Ich liebe dich.“

Sie atmet tief ein. Die Luft, die ihre Lungen füllt, ist frisch und leicht süßlich von dem Duft der Blüten, die sich nach und nach an den Bäumen und Sträuchern entwickeln. Dafür ist es relativ spät in diesem Jahr, denn immerhin ist es schon fast Sommer. Oder ist es das nicht sogar schon?

Mit einem freudigen Jauchzen legte sie den Kopf in den Nacken und genoss die Wärme der Sonnenstrahlen, die über ihr Gesicht strichen. Keine Wolke war am Himmel zu sehen und doch war das Gras unter ihren nackten Füßen angenehm kühl. Die noch vom Tau benetzten Halme kitzelten leicht zwischen ihren Zehen, als sie die Wiese zum Nachbarhaus überquerte. Wie immer quietschte das Gartentor leise, was sie schmunzeln ließ. Hatte er es nicht schon vor Wochen reparieren wollen? Hoffentlich würde er es nie tun, es würde ihr fehlen, so sehr hatte sie sich inzwischen daran gewöhnt.

Er hatte bereits auf sie gewartet. Seine starken Arme umschlossen sie liebevoll, als er sie voll Überschwang hochhob und herumwirbelte. „Guten Morgen, Prinzessin", flüsterte er, nachdem er sie abgesetzt hatte. Sie kicherte, da seine warmen Lippen an ihrem Ohr kitzelten. „Lass das!"- „Was soll ich lassen, Prinzessin?" Mit dieser Frage hauchte er einige Küsse auf ihren Hals und sie warf ihm einen überaus strafenden Blick zu, der etwas an Wirkung verlor, als sie beide in Gelächter ausbrachen. Erneut hob er sie hoch und trug sie zurück auf die Wiese, die ihre beiden Häuser voneinander trennte, wo er sich plötzlich fallen ließ. Sie quiekte erschrocken auf, als sie beide in dem weichen Gras landeten. Liebevoll zog er sie über sich und musterte sie dann sehr ernst. „Also das ist mir ja noch nie passiert, du musst zugenommen haben." Sie sah den Schalk in seinen dunklen grünen Augen blitzen und knuffte ihn gespielt entrüstet in die Seite. „Spinnst du? Ich glaube eher, du solltest mal wieder ein bisschen was für deine Armmuskeln tun." Er lachte und strich ihr eine Locke hinters Ohr. „Du hast recht mein Schatz, ich trage dich wirklich viel zu selten durch die Gegend." „Das müssen wir unbedingt ändern", flüsterte sie und küsste ihn sanft. „Stimmt, ich will dich ja auch in sechzig Jahren noch herumwirbeln können", erwiderte er zärtlich und schlang die Arme um ihren Körper. Voller Liebe sah sie ihm in die Augen und eine heiße Welle der Zuneigung durchzuckte ihn, als sie den Kopf an seine Schulter legte. Ihr warmer Atem strich über seine Wange und sie waren sich so nahe, dass er ihren Herzschlag spüren konnte.

Erst am späten Nachmittag konnten sie sich voneinander lösen, er ließ es sich jedoch nicht nehmen, sie bis vor die Haustür zu bringen. „Gehst du heute Abend mit mir aus?", fragte er neckisch. „Bitte?" – „Mit dir?" Sie musterte ihn prüfend. Er grinste. „Mit wem willst du denn sonst ausgehen? Sag es mir, damit ich denjenigen verschwinden lassen kann!" „Oh, ich bekomme ja Angst vor dir." Sie lachte und er küsste sie auf die Nasenspitze. „Wirklich?" Er küsste sie ein weiteres Mal. „Besser?" Nachdenklich wiegte sie den Kopf. „Ein bisschen vielleicht." Sein Lächeln übertrug sich von seinen Lippen auf die ihren, als er sich ganz sanft und vorsichtig küsste. Ein warmes Prickeln fuhr durch ihren Körper und sie löste sich nur sehr widerstrebend von ihm. „Tut mir leid, ich muss los." – „Bis später, Engelchen", hauchte er und ließ sie unwillig gehen. Kurz blieb er noch stehen, wartete, bis sich die Tür hinter ihr geschlossen hatte, um sich dann selbst auf den Heimweg zu machen.

Sie erhebt sich und folgt dem leicht abfallenden Weg noch etwas weiter. Die Schritte fallen ihr leicht, alles hier ist ihr so wohl bekannt. Alles geschieht fast von alleine.

Die junge Frau eilte durch die Reihen des Kaufhauses und kümmerte sich nicht um die teils überraschten, teils verärgerten Blicke der übrigen Kunden, die ihr ausweichen mussten. Endlich erblickte sie eine Angestellte. „Wo haben Sie hier Vasen? Ich brauche dringend eine Vase." Die Verkäuferin musterte sie kurz, setzte dann ihr antrainiertes Lächeln auf. „Natürlich. Vasen finden Sie im nächsten Gang rechts." „Na, also, danke!", rief sie, bereits zwei Schritte weiter. Die Angestellte schüttelte missbilligend den Kopf und wandte sich dann mit einem neu aufgesetzten Lächeln des nächsten Kunden zu. Einen Gang weiter glitt der Blick der jungen Frau prüfend über die verschiedenen Vasen. Die eine war zu flach, die nächste zu schmal. Endlich fand sie eine, die ihren Ansprüchen mehr oder weniger gerecht wurde. Kritisch betrachtete sie das aus Glas gefertigte Stück. „Na, da ist ihnen die Auswahl aber schwergefallen.", bemerkt ein alter Mann neben ihr mit einem amüsierten Lächeln. „Ja, wissen Sie, mein Verlobter bringt mir immer, wenn wir abends weggehen, einen Strauß Rosen mit, und ich habe nur eine einzige Vase, die groß genug dafür ist, aber gestern ist sie mir leider zerbrochen, und in einer halben Stunde steht er vor der Tür", erklärte sie hastig ihr Dilemma und eilte auch schon zu den Kassen. Der Mann blickt ihr schmunzelnd hinterher. Was gab es Schöneres als eine junge Liebe? Doch auch dieses Paar würde früher oder später den Ernst des Lebens kennenlernen müssen. Noch kurz stand er nachdenklich in dem Gang. In seinem Einkaufswagen lag das Mittagessen für den nächsten Tag neben einem neuen Schraubenzieher und einem Dreierpack schwarzer Stümpfe. Bevor er den Laden verließ, machte er kurz in der Gartenabteilung halt und kaufte einen Strauß Lilien, die Lieblingsblumen seiner Frau.

So bekannt und doch so fremd. War der Duft nicht noch immer derselbe? Erneut holte sie tief Luft. Diesmal drang ein weiterer Geruch in ihr Bewusstsein. Die Rosen in ihrer Hand ...

Er zupfte den Kragen seines Hemdes zurecht. Sein Spiegelbild strahlte ihm vergnügt und erwartungsvoll entgegen. Das dunkle, leicht gewellte Haar reichte ihm beinahe bis zu den Schultern und er war frisch rasiert. In dunklen Jeans und dem hellblauen Hemd fühlte er sich schon viel wohler als noch kurz zuvor nach dem strengen, im Büro allerdings durchaus angebrachten Dresscode, in Anzughosen und Jackett. Er hatte einen wirklich anstrengenden Tag hinter sich. Doch eigentlich freute ihn das. Viel Arbeit bedeutete viele Aufträge und das bestätigte, wie gut es derzeit für ihn lief. Wenn es so weiterging, stand der Beförderung nun nichts mehr im Weg und das damit verbundene höhere Gehalt würde ihm nicht nur die Kosten für seine bevorstehende Hochzeit decken, sondern auch endlich den Kauf des gemeinsamen Traumhauses ermöglichen. Fröhlich vor sich hin pfeifend schnappte er sich Schlüssel und Portemonnaie und verließ das Haus und machte sich auf den Weg. Draußen empfing ihn ein nasskalter Schneeregen wie schon die gesamte Woche. Er schlug seinen Kragen hoch und störte sich nicht weiter daran. Schon von Weitem konnte er erkennen, dass sie bereits am Fenster stand und nach ihm Ausschau hielt. Als sie ihn erblickte, verschwand sie und schon kurz darauf schwang die Tür auf und sie stürmte ihm entgegen. Er breitete die Arme aus und empfing sie mit einem sanften Kuss. „Guten Abend, mein Schatz", lächelte er und sie strich ihm zärtlich über die Wange. „Da bist du ja, mein Liebling. Du bist spät dran, hast du schon wieder Überstunden machen müssen?", fragte sie mitfühlend. „Nicht doch, ich konnte mich nur nicht entscheiden, in welchem Hemd ich dir am besten gefalle", erwiderte er. Sie lachte. „Ich bin mir sicher, du hast dich richtig entschieden. Wir können sofort los, ich stelle nur noch schnell ..." Sie stockte. „Oh ... Du hast ... Ist alles in Ordnung?" Sie trat einen Schritt zurück, als sie es realisierte. Schnell zog er sie wieder an sich, als er verstand. Wie hatte er das nur vergessen können? „Glaubst du wirklich, das würde ich dir so zeigen? Aber nein ..." Er lachte über ihren irritierten Blick. „Ich konnte nichts machen, mein Engel, aber es ist fast Winter und ..." Er überlegte eine Sekunde. „Du weißt doch, da gibt es keine Rosen mehr. Rosen blühen einfach nur im Sommer." Er setzte seinen Unschuldsblick auf, und sie begann, lauthals zu lachen. „Ach, so, tun sie das?" „Ja! Natürlich, hast du vielleicht schon mal eine Rose im Schnee gesehen?", beharrte er und verschränkte trotzig die Arme, als sie weiterhin lachte. Sie hakte sich bei ihm unter. „Nein, natürlich nicht. Du hast selbstverständlich recht." „Na, siehst du.", feixte er und hauchte einen Kuss in ihr durch den Schneeregen inzwischen nasses, kaltes Haar.

Und nun kann sie doch nicht mehr verhindern, dass ihr Tränen in die Augen treten. „Hallo, mein Schatz.", flüstert sie heiser und kniet sich nieder. „Sieh mal, was ich dir heute mitgebracht habe. Es wird wieder Sommer, weißt du?" Sie lächelt, während ihr Tränen über die Wangen rinnen, und legt die Rosen nieder. Die dunkle Erde lässt das kräftige Rot noch stärker leuchten. „Es sind die ersten Rosen dieses Jahr, mein Schatz. Sie blühen noch immer in unserem Garten. Jeden Sommer kommen sie wieder und warten auf dich." Sie erhebt sich und fährt mit den Fingern die Buchstaben seines Namens in dem kalten, rauen Stein nach. Wie glücklich er sein wird, wenn sie ihm die nächsten Wochen immer Rosen bringt! Als sie die Augen schließt, hört sie sein leises Lachen. „Dankeschön, Prinzessin. Hör jetzt auf zu weinen, das steht dir wirklich nicht. Und vergiss nicht, auch ich habe noch eine Rose für dich." Mit zittrigen Händen wischt sie die Tränen von ihren Wangen, bückt sich und nimmt die oberste Rose aus dem Strauß. Als sie erneut aus tiefstem Herzen lächelt, spürt sie ihr Glück. Sie hat nichts zu bereuen. So eine unendlich schöne Zeit war ihnen vergönnt, alles haben sie gemeistert, Seite an Seite gekämpft, alles geteilt und waren einander stets eine Zuflucht. Auch heute noch. Langsam dreht sie sich um und spaziert den hellen Kiesweg wieder hinauf, die schöne Blume in der Hand. Auf den zarten, roten Blütenblättern schimmert im hellen Sonnenlicht eine winzige Träne.

Klein-Kirsten allein zu Haus

Johanna Schrader

Zwölf schlägt die Glocke still im Wald.
Über die Wipfel braust Wind so kalt.
Klein-Kirsten ist allein zu Haus,
heimlich stiehlt sie sich hinaus.
Sie schleicht sich in den Wald hinein,
denn dort darf sie normal nicht sein.

Ganz leis tut sie 'nen Schritt aufs Moos,
da scheinen plötzlich Lichter groß.
Ein goldenes Licht, so groß und hell,
in Kirstens Augen blendet's grell.
In hellem Lichte schweben sie hold,
die Elfenkönigin mit ihrem Volk.

Klein-Kirsten staunt, doch sagt kein Wort,
bleibt nur still stehen an ihrem Ort.
Sie staunet lange und reget sich nicht,
schaut der Königin stumm ins Gesicht.

Lange Zeit wehet nicht mal der Wind,
bis Elfenkönigin zu sprechen beginnt.

„Klein-Kirsten mein,
komm doch mit mir,
Klein-Kirsten fein,
ich spreche zu dir,
Klein-Kirsten mein,
komm mit unsereins mit,
Klein-Kirsten fein,
auf den Sommernachtsritt!"

Da blubbert und ploppt es plötzlich im Moor,
der Trollkönig mit Armee tritt hervor.
Er knurrt ganz bedrohlich, als er die Elfen entdeckt.
Binnen Sekunden ist jede versteckt.
Er sieht Kirsten lang in ihr banges Gesicht,
bevor er mit knarzender Stimme verspricht:

„Klein-Kirsten mein,
komm doch mit mir,

Klein-Kirsten fein,

ich spreche zu dir,

Klein-Kirsten mein,

komm mit unsereins mit,

Klein-Kirsten fein,

auf den Sommernachtsritt!"

Klein-Kirsten vor Schreck ist ganz starr und still,
versteht nicht, was Trollkönig nun von ihr will.
„Mein Mädchen, mein Mädchen, geh nicht mit ihm mit!
Komm lieber mit uns auf den Sommernachtsritt!",
kreischt Elfenkönigin laut und schrill,
Klein-Kirsten jedoch ist stumm und still.

„Nein, komm mit uns!" „Nein, mit uns soll sie gehn!"
Elfen und Troll bleiben nicht länger stehn.
Schreiend geht ein jeder auf den Anderen los,
stürzt ihn hernieder und wälzt sich im Moos.
Klein-Kirsten weiß nicht recht, wie's ihr geschieht,
in kürzester Zeit herrscht schrecklicher Krieg.

Trampelnde Trolle, fliegende Feen,
so ein Desaster ward zuvor nie gesehn.
„Lasst sie in Ruh, das Mädchen ist mein!
Verflucht soll auf ewig das Elfenvolk sein!“
So schreit Trollkönig das Elfenvolk an,
das plötzlich sich nicht mehr bewegen kann.

Klein-Kirsten schreit: „Himmel, oh weh!“
Von Panik ergriffen stürzt sie in den See.
Doch sie kann nicht schwimmen, beginnt schon zu sinken,
will ihr keiner helfen, so wird sie ertrinken!
Sinkt schon auf den Grund, kommt nicht mehr hinauf ...!
Mit lautem Geschrei wacht sie auf.

Cinderella

Johanna Schrader

Der Himmel war von strahlendem Blau,
im Garten eine junge Frau,
sie wäscht die Wäsche und wienert den Boden,
den Hausputz hat sie aufgeschoben.
Die Frau, das war die Aschen-Ella,
doch ich nenne sie Cinderella.

Die Schulglocke klingelt, oh, welch ein Graus,
jetzt kommen die bösen Schwestern nach Haus!
Sind gar böse zu der Kleinen,
bringen das Mädchen schnell zum Weinen.
Dann brüllen sie ihr ins Gesicht:
„Heul doch, Kleine, uns schert es nicht!“

Am Abend jedoch, ich weiß es genau,
war'n alle friedlich bei „Bauer sucht Frau“
Die Sendung schaun sie immer gemeinsam,
denn alle vier sind sie noch einsam,

die Mutter, die Töchter und Aschen-Ella,
besser bekannt als „Cinderella“

An diesem Abend, jetzt passt gut auf,
nahm das Schicksal seinen Lauf.
Sie blendeten einen Werbespot ein
vom Prinzen, der noch stand allein.
Von da an war’s um die Ruhe geschehn,
ein jeder wollte den Prinzen sehn.

„Mutter, er will eine Party geben!
Das wär‘ das Beste in unserem Leben!
Zum Prinzen mit auf die Party zu gehen!
Mutti, das wär‘ wunderschön!“
Auch Cinderella will nun mit:
„Stiefmutter, wenn ich dich doch bitt‘!“

Die Mutter denkt nach, denkt nach und lacht:
„Meine Mädchen, abgemacht!
Doch Aschen-Ella, kannst du’s nicht sehen?
Du kannst nicht mit zum Prinzen gehen!

Da ist doch gar nichts Hübsches an dir!
Nein, du Dummes, nicht mit mir!“

Da weint Cinderella ganz bitterlich,
doch Stiefmutters Herz erweicht sie nicht.
Schwestern und Mutter ziehn allein nun los.
Doch kaum sind sie weg, ist die Freude groß,
Cinderella in den Garten geht,
wo ihr geliebtes Bäumchen steht.

Sie schüttelt das Bäumchen und macht sich bereit,
bald fällt herab ein herrliches Kleid.
Geschwind zieht sie das Kleidchen an,
das besser passt, als es passen kann.
Es gehört ihr, nur ihr allein!
Auf der Party wird sie die Schönste sein.

Schon zwei Stunden später, man glaubt es kaum,
betritt Cinderella den prachtvollen Raum.
Sie sieht ganz anders, hübscher nun aus,
kein bisschen mehr nach grauer Maus.

Ein Raunen zieht sich durch die Reihn:
Wer könnte diese Schönheit sein?

Kaum sieht der Prinz sie, ist's um ihn geschehn.
Er kann nur Cinderella noch sehn.
Von den Schwestern will er gar nichts mehr wissen,
und kämpfen die beiden auch noch so verbissen.
Die Schöne hie, die Schöne da,
er liebt sie, das ist sonnenklar.

Bald wird den beiden ganz warm ums Herz,
die Augen der Mutter, sie tränen vor Schmerz.
Sie plustert sich auf und wütet und tobt,
dass sie sogar Cinderella lobt.
Auch Aschen-Ella sei besser als die,
so tobt und brüllt und lästert sie.

Daraufhin will sie die Feier verlassen,
Cinderella sieht's und kann es nicht fassen.
Denn geht die Alte, muss auch sie schnell nach Haus,
das Haus darf nicht leer sein, sonst wäre es aus.

Dass niemand erfährt, dass sie jemals war dort,
sonst schickt die Familie mit Schande sie fort.

Keuchend kommt sie als Erstes nach Haus,
schlüpft eilig aus ihrem Kleide heraus.
Löscht alle Lichter und macht sich ganz klein,
um wieder die Aschen-Ella zu sein.
Die Schwestern kommen und schwärmen sofort,
die Schöne erwähnen sie mit keinem Wort.

Cinderella weiß es besser und schläft lächelnd ein.
Denn dass sie dort war, weiß nur sie allein.

Die Therapie
Adrian Welcker

05.08.2054 – MITTWOCH

Koordinierte Weltzeit: 31591

Heute war ich mit meinen Eltern beim Arzt – Diagnose: Krebs. Schwer heilbar. Wir entschließen uns, dennoch gegen den Krebs zu kämpfen, auch wenn die Behandlung dieser speziellen Art von Krebs von der Krankenkasse nicht übernommen wird. Aus diesem Grund habe ich mich auch entschlossen, dieses Tagebuch zu führen. Ich kann es kaum glauben. Nächste Woche soll die Behandlung beginnen, und ich hoffe immer noch, dass es sich um eine Fehldiagnose handelt. Aber diese Hoffnung ist höchstwahrscheinlich vergebens: Die Medizincomputer sind eigentlich unfehlbar und der Arzt hat das Programm zur Sicherheit zweimal durchlaufen lassen, beide Male mit demselben Ergebnis. Der Arzt sagte, diese Behandlung sei vermutlich meine letzte Überlebenschance. Das Problem dabei ist nur, dass nicht alle Menschen auf diese Behandlung ansprechen, die Chance beträgt etwa 50 %. Nun, es wird sich nächste Woche zeigen müssen, ob das bei mir der Fall ist.

13.08.2054 – DONNERSTAG

Koordinierte Weltzeit: 31613

Heute war mein erster Behandlungstermin. Der Arzt meinte,

es gebe schon erste Anzeichen von Besserung, obwohl ich mich nach dieser ganzen Geschichte einfach nur unglaublich platt fühle. Um ehrlich zu sein, frage ich mich, ob das tatsächlich IRGENDETWAS bei mir bewirkt hat oder ob der Arzt uns nur dazu überreden will, die Behandlung weiterzuführen – soweit ich weiß, springt für ihn nämlich richtig was dabei raus, sie ist unglaublich teuer. Obwohl meine Eltern, gerade meine Mutter Anna, mir die ganze Zeit einreden, dass wir genug Geld hätten und das schon schaffen würden, habe ich da insgeheim doch so meine Zweifel. Aber darüber mache ich mir jetzt lieber keine Gedanken, mein Kopf dröhnt sowieso noch von der Behandlung heute Vormittag und ich haue mich jetzt auf Ohr.

29.08.2054 – SAMSTAG

Koordinierte Weltzeit: 31657

In letzter Zeit merke ich doch, dass sich durch die Therapie etwas verbessert: Obwohl ich nach den Terminen immer total müde bin, fühle ich mich generell nicht mehr ganz so ausgelaugt wie noch vor Beginn der Behandlungen, die zweimal in der Woche sind und jeweils drei Stunden dauern. Es ist jedes Mal wieder die Hölle: Drei Stunden in einem fast komplett leeren Raum, an irgendwelche Schläuche und Kabel angeschlossen, Schmerzen – und niemand da, mit dem man reden könnte. Nur ein kalter, gefühlloser Medizincomputer, angeblich soll man sich mit dem auch unterhalten können, aber die Vorstellung, drei Stunden mit einer Maschine über Medizin, oder worüber dieses Teil dann auch immer mit einem reden kann, zu sinnieren, fand ich dann auch nicht besonders verlockend. Jedenfalls war der Arzt sehr erfreut über meine Fortschritte und hat mir prompt Ruhe verordnet, weshalb ich jetzt mich jetzt schlafen lege – ist ja immerhin auch schon halb zehn.

11.09.2054 – FREITAG
Koordinierte Weltzeit: 31693

Meine Mutter regt sich gerade fürchterlich darüber auf, dass die Krankenkasse ihr den Beitrag erhöht hat – mit der Begründung, sie habe in den letzten vier Wochen zu viele Kohlenhydrate zu sich genommen. Manchmal hasse ich diesen hochmodernen „mitdenkenden“ Kühlschrank. Dass der uns bei unserer Einkaufsliste hilft, ist zwar schön und gut, aber leider verpetzt er auch noch alles unserer Versicherung. Und mit dem Geheimdienst ist er wahrscheinlich auch noch vernetzt, genauso wie ... nun, ja, alles. Wahrscheinlich zur „Terrorabwehr“. Wie dieser Chip, den sie seit 2025 jedem Bürger in die Schulter einpflanzen, wenn er 12 wird. Blöd nur, dass den manche Leute wie ich nicht so gut vertragen, seit ich ihn habe, juckt es mich dort oft. Aber was soll es denn, zum einen kann man sich ohnehin nicht wirklich dagegen wehren, zum anderen möchte man ja auch selbst nicht, dass es noch mehr Terroranschläge gibt, also akzeptiert man es halt. Um zum Thema zurückzukommen: Der Kühlschrank verrät der Krankenkasse, wer wann wie viel wovon isst. Und jetzt erhöhen sie uns regelmäßig die Beiträge. Und das passiert bei den meisten Leuten, denn andere Kühlschränke darf man nicht mehr benutzen. Tja, sonst ist heute auch nichts Interessantes mehr passiert, also höre ich jetzt hier auf zu schreiben und gehe pennen.

19.09.2054 – SAMSTAG

Koordinierte Weltzeit: 31715

Heute war ich Ben, meinen besten Freund und Klassenkameraden drei Blocks weiter, besuchen. Wir haben viel über unsere heutige Welt diskutiert. Zum Beispiel fragten wir uns, ob es sich überhaupt noch lohnt, zu Wahlen zu gehen. Schließlich gibt es ohnehin seit über 20 Jahren nur noch einen Kandidaten: Präsident und Geheimdienstchef George Jenderny. Nachdem er mit gezielten Verfassungsänderungen das Parlament quasi ausgeschaltet hat, regiert er so gut wie alleine. Und das seit mittlerweile fast 20 Jahren. Ben erzählte mir, dass sein Nachbar seinen Zaun etwa einen Meter auf ihr Grundstück versetzt hat, seine Eltern sich aber nicht trauen, ihn darauf anzusprechen oder gar rechtlich gegen ihn vorzugehen, da er beim Geheimdienst arbeitet. Meine Behandlung läuft indes weiter, und der Arzt sagte, ich würde große Fortschritte machen, der Tumor sei bereits deutlich zurückgegangen. Ich hoffe nur, er hat recht, fühle mich aber doch schon deutlich besser als noch vor sechs Wochen, bevor meine Behandlung begann. Mehr Interessantes ist heute auch nicht passiert und ich hau' mich jetzt ins Bett.

26.03.2055 – FREITAG

Koordinierte Weltzeit: 32230

Gestern war ich wie jeden Donnerstag wieder bei meiner Behandlung. Der Arzt war hoch erfreut über meine Fortschritte und sagte, dass ich es nun schon zur Hälfte geschafft hätte, die Behandlung sich zum Ende hin aber sehr in die Länge ziehen werde und ich vermutlich noch ein weiteres Jahr bräuchte. Wüsste ich nicht, dass es mir ohne die Behandlung wohl mittlerweile ziemlich dreckig ginge, würde ich das Ganze vermutlich nicht noch ein Jahr ertragen. Ich habe gehört, dass Leute, die auf die Behandlung nicht ansprechen, elende Qualen ertragen mussten und einen langsamen, schmerzhaften Tod gestorben sind, und bin wirklich froh, dass ich zu dem Teil der Bevölkerung gehöre, bei dem diese Methode der Behandlung funktioniert.

07.04.2055 – MITTWOCH

Koordinierte Weltzeit: 32263

Gestern war ich wieder bei der Behandlung, doch diesmal war der Arzt alles andere als begeistert: Er sagte, der Tumor sei wieder gewachsen. Wahrscheinlich hat es auch damit zu tun, dass ich mich seit letzter Woche so beschissen fühle. Mehr hat er uns auch nicht gesagt und so bleibt mir nicht mehr als zu hoffen.

12.04.2055 – MONTAG

Koordinierte Weltzeit: 32276

Heute hat der Präsident ein neues Gesetz erlassen: Es

erlaubt das „Aussortieren“ von Menschen, deren Weiterleben als „unwirtschaftlich“ eingestuft wird. Verantwortlich dafür soll ein Computer sein, das dafür notwendige Programm stammt vom Technikriesen Private, nennt sich „Private LifeValue“ und soll laut offiziellen Angaben „entscheiden, ob das Weiterleben einer Person die Gesellschaft unangemessen belasten würde. Gemessen wird dies vorrangig daran, ob die Kosten, die dem Staat aus der Behandlung einer Person entstehen, durch deren Leistung wieder gedeckt werden können.“ Ich denke mal, mit anderen Worten heißt das, Personen, deren Behandlung zu teuer ist und die dem Staat nicht mehr genug Geld einbringen, werden „aussortiert“. Was das heißen soll, wurde nicht verraten. Alle Bürger sind gezwungen, sich durch LifeValue „bewerten“ zu lassen. Wir haben nächste Woche Mittwoch einen Termin beim Amtsarzt.

21.04.2055 – MITTWOCH
Koordinierte Weltzeit: 32301

Heute waren wir zur „Bewertung“ beim Amtsarzt. Es war grauenvoll. Wir waren nicht die einzigen dort, die Leute standen Schlange vor den Computern, die sie „bewerten“ würden. Dieses neue Gesetz musste natürlich genau jetzt erlassen werden, wo es in meiner Behandlung so einen Rückschlag gab – natürlich hat das System jetzt gesagt, ich würde auf lange Sicht vermutlich unwirtschaftlich werden. Nun ja, damit geht es mir immer noch besser als so vielen anderen Leuten, denen gesagt wurde, sie seien jetzt schon unwirtschaftlich – sie wurden sofort abgeführt. Wohin sie gebracht wurden und was nun mit ihnen passiert, wird natürlich geheim gehalten. Tja, nun kann ich also nur warten, wie sich das Ganze weiterentwickelt.

29.04.2055 – DONNERSTAG
Koordinierte Weltzeit: 32323

So langsam frage ich mich, wo das alles noch hinführen soll – ich habe zufällig mitbekommen, wie meine Eltern darüber geredet haben, dass sie dem Amtsarzt 10.000 dafür gegeben haben, damit er dafür sorgt, dass der Computer mich nicht sofort aussortiert. So viel also zum „objektiven“ Algorithmus, den unsere Regierung anpreist. Ich kann jedenfalls nur den Unwissenden spielen und hoffen, dass meine Eltern jetzt noch genug Geld haben.

14.05.2055 – FREITAG
Koordinierte Weltzeit: 32364

Gestern war ich wieder bei der Behandlung – sie scheint weiterhin wirkungslos zu bleiben, der Arzt meinte, mein Krebs wachse ungehindert weiter. Ich bin wirklich ratlos, was ich jetzt tun soll oder kann. Der Arzt meinte, wenn sich in zwei Wochen immer noch nichts geändert hat, sollten wir die Behandlung abbrechen, da dann nicht mehr davon auszugehen sei, dass sich noch etwas verbessern würde. Noch ist aber zum Glück nicht aller Tage Abend und so warte ich auf das Ergebnis, das ich in zwei Wochen bekommen werde.

28.05.2055 – FREITAG

Koordinierte Weltzeit: 32402

Die Befürchtung des Arztes hat sich – leider – bestätigt. Die Behandlung zeigt bei mir keine Wirkung mehr. Immerhin scheine ich nicht der Einzige zu sein, bei dem das passiert ist: Laut Arzt hört die Therapie bei etwa fünf Prozent der Patienten, die auf diese überhaupt ansprechen, mittendrin auf, Wirkung zu zeigen; wenn das passiert, soll eine Weiterführung alles angeblich nur noch schlimmer machen, weshalb wir die Therapie jetzt abbrechen. Dabei war ich mir schon so sicher, dass ich auch diese Krankheit überstehen und später mal ein normales Leben führen würde. Von dem, was ich im Internet gelesen habe, weiß ich, dass Menschen, bei denen diese Krankheit nicht richtig behandelt wird beziehungsweise nicht richtig behandelt werden kann, ständig Schmerzen haben und auch nicht besonders alt werden – nur etwa 40 Jahre, nichts im Vergleich zur normalen Lebenserwartung von 120 Jahren.

10.07.2055 - SAMSTAG

Koordinierte Weltzeit: 32520

Zufällig habe ich mitbekommen, dass meine Eltern nicht mehr genug Geld haben, den Amtsarzt ein weiteres Mal zu bestechen. Ich weiß nicht mehr wirklich, was ich noch tun soll … Wenn ich in zwei Wochen das nächste Mal zum Amtsarzt zur „Bewertung“ muss, wird das System mich zweifellos „aussortieren“, zumal meine Behandlung nun endgültig abgebrochen wurde und somit nun auch die Chance, dass ich ein halbwegs normales Leben werde führen können, dahin ist. Blödes Life Value.

11.07.2055 – SONNTAG
Koordinierte Weltzeit: 32523

Ich habe nun eine Idee, was ich tun könnte, aber ich bin wirklich nicht sicher, ob es etwas bringen wird: Ich werde von zu Hause weglaufen, zu Ben. Seine Eltern sagten mir immer, ich könne zu ihnen kommen, wenn ich ein Problem hätte, ich hoffe nur, das gilt auch in diesem Fall. Ich packe jetzt schnell ein paar Sachen.

12.07.2055 – MONTAG
Koordinierte Weltzeit: 32526

Geschafft! Ich bin in Bens Haus untergebracht. Seine Eltern haben gesagt, sie würden versuchen, mich vor der Regierung zu verstecken, und sie haben das Implantat aus meiner Schulter entfernt, damit die Regierung mich nicht orten kann. Leider sind Bens Eltern keine Ärzte, und so war diese Entfernung alles andere als professionell und, ehrlich gesagt, ziemlich schmerzhaft. Jetzt bleibt mir also nur noch, mich hier zu verstecken und darauf zu hoffen, dass das alles irgendwie vorübergeht. Ach, was rede ich mir eigentlich ein, es ist doch ohnehin nur eine Frage der Zeit, bis sie mich so oder so finden werden.

21.07.2055 – MITTWOCH

Koordinierte Weltzeit: 32550

Einer von Bens Nachbarn (der, der beim Geheimdienst ist) hat der Regierung verraten, dass ich mich vermutlich der Life Value-„Bewertung" entziehe und mein implantierter Chip wahrscheinlich entfernt wurde. Jetzt wird jeden Moment die Polizei hier sein, um das zu überprüfen, und früher oder später werden sie mich finden. Ich frage mich, wo ich jetzt wäre, wenn wir diese Behandlung damals überhaupt gar nicht angefangen hätten.

Ich muss jetzt aufhören, die Polizei ist da.

Der Fluss

Johanna Schrader

Miss Arabella Clayton war etwas ganz Besonderes. Ihr linkes Auge war braun und ihr rechtes eisblau. Das ließ sie sanft, aber gleichzeitig auch streng erscheinen. Deshalb war sie sehr geeignet als Gouvernante, was auch die Fallows fanden, als sie Miss Clayton für ihre Tochter einstellten.

Maia war da anderer Meinung. Sie fand Miss Clayton rechthaberisch und mochte sie nicht, weil sie immer so starr war und ihr alles vorschrieb. Wie sie sich kleiden sollte, wann sie frühstücken sollte und wann sie spazieren gehen sollte. Sie fand, sie sei alt genug, um selbst zu entscheiden, wann sie spazieren ging.

Wütend wickelte sie sich eines ihrer blonden Löckchen um den Finger und riss daran, als ob einzig und allein dieses Löckchen Schuld daran wäre, dass sie hinaus musste. Aber Miss Clayton blieb hart.

„Trödel nicht!"

Ihre Stimme war wie ihre Augen: warm, aber gleichzeitig hart.

Widerwillig zog Maia ihren Mantel über, elendig und betont langsam knöpfte sie ihn zu. Miss Claytons eisblaues Auge funkelte.

Der Weg war heute ein anderer, stellte Maia fest. Er war länger, ging tiefer in den Wald hinein und weiter von der eigentlichen Route ab. Maia gefiel das nicht, sie fand das beängstigend. Sie vergaß, dass sie Miss Clayton hasste, und fasste schüchtern nach ihrer Hand.

Ihre Hand war wie ihre Augen und ihre Stimme. Warm und gleichzeitig fest.

Da Maia rechts ging, sah sie, wann immer sie ängstlich zu ihrer Gouvernante hochsah, nur das kalte, eisblaue Auge. Das schüchterte sie ein und sie sprach nicht ein Wort.

Schließlich führte ihr Weg einen Hang hinauf, und als sie in dem Tal dahinter angekommen waren, hörte Maia es.

Ein fremdes, mächtiges Rauschen.

Maia wollte umkehren und zerrte an Miss Claytons Hand. Aber Miss Arabella Clayton blieb so kalt wie ihr eisblaues Auge und zog Maia unerbittlich weiter.

Bald war das Rauschen so stark angeschwollen, dass Maia kaum noch ihre eigenen Gedanken hören konnte. Aber Miss Clayton war noch immer nicht am Ziel.

Noch ein einziger Hügel, dann reiße ich mich los und kehre um, dachte Maia. Sie waren beinahe am Gipfel angekommen, da machte Maia sich bereit, sie staute die Kraft in ihren kleinen Armen an, um sich im richtigen Moment aus Miss Claytons stählernem Griff winden und davonlaufen zu können. Und dann sah sie ihn.

Braun und wild, wie eine wütende Schlange schlängelte sich ein mächtiger, reißender Fluss durch das Tal.

„Warte hier!“

Miss Claytons Tonfall war bestimmt und fest und mit diesen Worten ließ sie Maia allein auf einem Felsen zurück. Von dem

Felsen aus konnte Maia den ganzen Fluss überblicken.

Und die gewaltigen Fluten rissen sie einfach mit sich.

Sie fesselten ihre Gedanken und Maias Blick hing an den Stromschnellen, an den Wassermassen, sie sah, wie das Wasser hindurchpreschte, mit unvorstellbarer Kraft. Sie konnte die Augen nicht abwenden und ihr Blick hielt den Strom fest, fester, als Miss Claytons Blick es jemals hätte tun können.

Oder hielt der Fluss Maia fest?

Ihr Blick schweifte zu einem Felsen, der mitten im Strom lag. Die Massen des Wassers flogen mit einer solchen Gewalt auf den Felsen, dass es nach allen Seiten davonspritzte. Die Wassertropfen glitzerten in der Sonne und schienen einen Moment zu schweben, bevor sie zurück ins Wasser fielen, um sich wieder mit ihm zu vereinigen. Neue Tropfen kamen geflogen und tanzten ein funkelndes Ballett, so schnell, dass Maia keine Zeit hatte, jeden Einzelnen zu betrachten und zu bewundern.

Und plötzlich fiel ihr auf, dass das Wasser nicht einfach nur braun, sondern bernsteinfarben war.

Wie kochender Bernstein, schoss es Maia durch den Kopf und sie fand diese Bezeichnung sehr passend.

Da segelte ein kleines Blatt in Maias Blickfeld, sie streckte die Hand aus, um es zu fangen, aber als sie es nicht erwischte, zappelte sie auch nicht herum, weil sie wohl wusste, dass sie sonst in das Wasser fallen könnte, in das wütende, kochende, bernsteinfarbene Wasser.

Trotzdem verfolgte sie das Blatt weiterhin mit den Augen,

wie es trudelte, unwissend, wie nahe es dem Wasser schon war.

Aber das Blatt fiel nicht in eine Stromschnelle.
Es wurde nicht verschlungen von zischenden Fluten.
Es verschwand nicht auf Nimmerwiedersehen in tosenden Wassern.

Es landete am Rand des Flusses, an einer ruhigen Stelle. An einer Stelle, in der sich der Himmel spiegelte. Das Stückchen Fluss war kalt wie eine Eisscholle, gefährlich ruhig.

Wahrscheinlich unheimlich tief, dachte Maia.

Ihr Blick schweifte wieder in die bernsteinfarbenen Fluten. Und plötzlich wurde ihr bewusst, dass der Fluss keine wilde, kochende, sprudelnde, eingesperrte, wütende Schlange war, sondern eine warme, vor Energie nur so sprühende Garde aus Millionen winziger Wassertropfen, jeder Tropfen schien seinen Weg zu haben und zu kennen, und Maia sah nun aus zwei Perspektiven:

Einmal sah sie den Fluss als Ganzes, ein anmutiges Wesen, bernsteinfarben, kochend und sprudelnd und voller Energie, aber gleichzeitig kalt und gefährlich ruhig, erfroren wie eine Eisscholle.

Aber Maia sah den Fluss auch als riesiges Ensemble, viele winzige Wassertropfen, die ihren Weg kannten und Hand in Hand arbeiteten, um ein so großartiges und wundervolles Ganzes zu erschaffen.

„Komm, Maia. Wir gehen nach Hause."

Maia war so gefesselt von dem Fluss gewesen, dass sie gar nicht gemerkt hatte, wie ihre Gouvernante gekommen war, sie an den Schultern gefasst und gerüttelt hatte. Das ganze komplexe Wesen des Flusses hatte sie vollkommen eingenommen.

Dieses Mal musste Miss Clayton Maia nicht mit sich zerren. Maia hatte auch keine Angst, weil sie so weit von Zuhause weg waren. Sie fürchtete sich auch nicht vor Miss Claytons eisblauem Auge. Maia war nicht anwesend, sie hing ihren Gedanken nach und nahm kaum etwas von ihrer Umgebung wahr. Sie ging einfach nur an Miss Claytons Hand den Weg zurück.

Maia hatte noch immer den Fluss vor Augen und konnte an nichts anderes mehr denken. Der Fluss mit seiner warmen, vor Energie nur so sprühenden und sprudelnden wie auch mit seiner kalten, eisig-stillen Seite, die tief und unergründlich war. Es faszinierte sie, wie ein Einziges nur so gegensätzliche Seiten haben konnte.

Etwa zwei Wochen später saß Maia wieder auf ihrem Bett und war wütend. Ihre Mutter hatte sie schon zwei Mal gerufen, aber Maia war nicht gekommen.

„Maia."

Miss Arabella Clayton war in das Zimmer gekommen. Trotzig schaute Maia ihr in die Augen.

Und dann sah sie es.

Miss Arabella Clayton war etwas ganz Besonderes. Ihr linkes Auge war braun, bernsteinfarben und warm wie der elektrisierende, energiegefüllte, tanzende, sprudelnde, funkelnde Teil des Flusses. Und in ihrem anderen Auge, dem eisblauen, sah sie das gefährlich stille, eiskalte, unergründlich tiefe Wasser, das an eine Eisscholle erinnerte und den Himmel spiegelte.

Und da verstand Maia.

Miss Clayton *war* sehr geeignet als Gouvernante, denn sie konnte gleichzeitig streng und warm, zärtlich sein.

Der Fluss floss in Miss Clayton, und er fesselte Maia wie in der ersten Sekunde. Und Maia wollte ihre Gouvernante nicht mehr hassen. Sie wollte sie bewundern. Sie wollte ihre Augen als Ganzes und gleichzeitig als Ensemble aus Millionen von Sprenkeln sehen, den Fluss spüren können, auch wenn er weit weg war. Ein letzter Blick in die Fluss-Augen, dann hatte Maia einen Entschluss gefasst.

„Ja, Miss Clayton", sagte Maia mit einem Lächeln und ging ganz brav und artig hinunter in die Küche.

Hass

Maximilian Winkler

Der Gong ertönte laut und durchdringend. Hans schreckte aus seinem kleinen Tagtraum hervor. Jetzt war es Zeit zu unterrichten. Seufzend setzte er sich in Bewegung, schlurfte Richtung Klassenzimmer. Kindern etwas beibringen, dachte er, welch eine Zeitverschwendung es doch war. Dabei war seine Zeit doch so wertvoll und es gab so viele Dinge, die er gerne damit anfangen würde.

Er hustete.

Das Klassenzimmer war nur noch wenige Meter entfernt. Schon jetzt hörte er den Lärm. Immer dieser Lärm!

Dabei wollte er doch nur seine Ruhe haben ...

Ihm erschloss sich einfach nicht, warum Kinder immer so laut sein mussten. Er war nie so gewesen. Immer ein braver Schüler, oh, ja!

Er begann seinen Unterricht. „Politische Parteien" war das Thema. Dafür interessierte er sich schon lange nicht mehr. Aber es war seine lästige Pflicht. Politik, das waren doch alles nur Lügen, nichts als Lügen! Wie im Leben, dachte er sich. Niemandem kannst du vertrauen, niemandem glauben, sie alle enttäuschen und verraten dich.

Er nahm einen Schüler dran. Wie sehr er diese überengagierten Schüler hasste! Immer müssen sie mit ihrer Hand herumwinken. Als würden sie Scheiben wischen, dachte er. Er war nie so gewesen. Intelligent, das ja, keine Frage, natürlich intelligent! Aber nicht so einer, der den Arm gar nicht runter bekam.

Ein Zettel flog durch die Luft.

Solche Schüler hasste er auch! Wieso konnten sie nicht einfach mal seinem Unterricht folgen? Immer wollten sie 'cool' sein. Allein dieses Wort schon: cool! Ein total bescheuertes Wort, dachte er.

Ein Huster. Die Kinder dafür anzuschreien, dazu hatte er keine Kraft. Es war so unfair! Wieso ausgerechnet er?

Niemand ist da. Hier steh ich alleine vorne und erzähle etwas und versuche die Schüler für etwas zu begeistern, woran ich selbst schon lange nicht mehr glaube, dachte er. Politik und Wirtschaft! Nur Betrüger! Alles für die großen Konzerne, nichts für die einfachen Leute. Er dachte daran, wie es damals bei ihm war: „Wir haben eine neue, hochmoderne Maschine. Sie brauchen wir nicht mehr." Profit. Profit. Profit. Er sah aus dem Fenster. Es hatte angefangen zu regnen. Aus dunklen Wolken ergoss sich das Wasser. Der Wind heulte draußen durch die Bäume und die Stämme bogen sich beinahe unter der ungeheuren Kraft. Er hustete.

Die Kinder hatten jetzt eine Aufgabe von ihm bekommen und bearbeiteten sie. Erschöpft ließ er sich auf den Stuhl fallen. Sie würden es doch sowieso wieder nicht richtig schaffen, dachte er grimmig. Aber er musste es ja machen, Pflicht ist Pflicht. Er hatte sogar die Pflicht, seine Schüler zu loben, war ihm gestern gesagt worden. Diese nervigen Eltern! Die Eltern und die Schulleitung. Sie meckerten immer herum, wie unmotiviert er sei und dass er nie ein gutes Wort übrig habe für seine Schüler. Welchen Grund hatte er denn, motiviert zu sein?! Loben, lachte er bitter in sich hinein; als ob ***ihn*** je jemand gelobt hätte! Und von ***ihm*** wurde es erwartet.

Typisch!

Seine Kollegen waren doch auch alle nur Idioten. Sie alle kamen sich immer so toll vor, vor allem diese jungen, überengagierten. Diese Hyperaktiven! Wie gerne würde er keinen von ihnen allen je wieder sehen. Aber er brauchte diesen Job doch! Freilich, erst war es nur als Notlösung gedacht gewesen, nach seiner Kündigung. Dennoch, Spaß gemacht hatte ihm der Job eigentlich früher, aber jetzt, wo ...
Ein unterdrückter Schrei war zu hören. Hans blickte auf. Ein Mädchen hielt sich den Mund zu, neben ihr ein Junge, der so aussah, als habe er ihr gerade mit einem Stift in die Hüfte gestochen. Einfach ignorieren, dachte er. Für solche Dinge hatte er nicht mehr die Kraft.

Er blickte abermals auf und sein Blick schweifte durch die Klasse. Kopfschüttelnd wandte er ihn wieder ab. Wie sehr er jeden Einzelnen von ihnen verabscheute!

Als Nächstes fiel sein Blick auf die Diagnose aus dem Krankenhaus, die er seit ein paar Wochen nicht mehr aus den Augen ließ. Ein paar Monate sind es ja noch, dachte er seufzend, aber dann ist es vorbei.

Der Gong ertönte. Stundenende.

Der Flügel

Moritz Burghardt

Donnernd schmetterte er den letzten Akkord in die Tasten. Nachdem die Töne verklungen waren, drehte er sich erschöpft auf dem Klavierhocker um. Endlich hatte er es bezwungen, das Stück, an dem er seit nicht weniger als einem halben Jahr arbeitete, nein, kämpfte. Franz Schuberts Impromptu Opus 90 Nummer 4 As-Dur war ein zehnseitiges Werk, das er nun in Gänze und nahezu konzertsaalreif beherrschte. Er war wirklich bereit für das Konzert am Wochenende, sein großes Vorspiel, bei dem er die Hauptattraktion sein würde.

Wäre da nur nicht dieser eine scheppernde Ton an seinem Klavier gewesen, ausgerechnet das As. Es brachte ihn beim Üben beinahe um den Verstand. Aber egal, der Klavierstimmer würde ohnehin bald kommen und das beheben. Und bei dem Vorspiel in seiner Schulaula hatte er es ja mit einem vorzüglichen Instrument zu tun. Ja, da würde alles gut gehen und sie würden ihn bewundern.

Am Abend des Konzerts hörte er den anderen Musikern zwar aufmerksam, aber nicht beeindruckt zu. Hier ein kurzer Bach, da ein kleiner Mozart, alles zwar ganz schön und gut, aber an Länge und Schwierigkeit des Stücks konnte es keiner mit ihm aufnehmen und, was die Spieltechnik und Ausdrucksvielfalt anging, schon gar nicht. Da wurde endlich *er* angekündigt, der letzte Auftritt des Abends, der krönende Höhepunkt. Er ging zum Flügel, deutete eine kleine Verbeugung an und nahm gelassen auf dem Hocker Platz. Er fing an und konnte aus dem Augenwinkel erkennen, dass das Publikum erstaunt und entzückt die Hälse reckte, um ihm auf die Finger zu schauen. Auch seine ganze Familie war mitgekommen. Stolz richteten sie sich in ihren Sitzen auf und taten so, als sei seine Meisterleistung ihr Verdienst. Nun, gut, er kam ja auch aus einer Musikerfamilie. Besonders seine Mutter, sie hatte früher selbst das eine oder andere Konzert gegeben, legte große Hoffnung in sein Talent. Und natürlich zurecht, wie er heute beweisen würde.

Wie lange hatte er die Läufe geübt, bis sie so perfekt klappten! Er überließ seine Hände sich selbst, sie wussten ganz genau, was sie taten. Er war berauscht vom eigenen Spiel und dem Publikum ging es nicht anders.

Aber was war das? Schepperte die eine Taste da nicht? Doch, es war ganz deutlich zu hören. Dem Ton lag ein äußerst unangenehmes und störendes Geräusch bei. Und zwar beim ... nein! Doch nicht ausgerechnet beim As!

Wie konnte ihm das denn nur ausgerechnet jetzt passieren? Davon war doch vorher nie etwas zu hören gewesen! Aber was war denn mit den Zuhörern? Die schauten ja immer noch so verzückt wie vorher. Ja, merkten denn die nichts? Es war doch ganz deutlich zu hören, ein klapperndes Geräusch, wenn er das As anschlug. Das As und ... Jetzt schepperte ja auch noch das B! Na, ja, einfach weiterspielen, solange das Publikum nichts merkte. Waren die denn taub? Jetzt gaben auch noch das C und das Es seltsame Laute von sich.

Auch seine Familie ließ sich nichts anmerken. Dabei war doch gerade seine Mutter immer fast verrückt geworden, wenn beim Üben zu Hause das Klavier um einen Achtelton verstimmt war!

Komm zum Trio, zum Mittelteil, sagte er sich, danach siehst du weiter. Bis es jedoch so weit war, verlor er noch über acht weitere Tasten – das Problem erstreckte sich inzwischen über drei Oktaven der Klaviatur – die Kontrolle. Allerdings hatte noch immer keiner der Zuhörer etwas bemerkt.

Während des Trios verließen ihn noch mehr Töne. Die Akkorde glichen nun weniger einer wohlüberlegten und passenden harmonischen Wendung als einem umfallenden Turm aus Bauklötzchen. Als er zur Wiederholung des Trios ansetzte, bereitete ihm das Spielen schon beinahe physische Schmerzen. Ein vorzügliches Instrument? Pah! Wohl eher ein besseres Stück Sperrmüll! Es klang fast, als würde der Flügel jeden Augenblick in seine Einzelteile zerfallen.

Er näherte sich dem Höhepunkt, arbeitete sich langsam mit gebrochenen Cis-Mollakkorden auf das dreifach gestrichene Dis zu, eine der wenigen Tasten, die noch einwandfrei funktioniert hatten, um es fortissimo anzuschlagen. Es klang jedoch eher, als würde man mit einem Kochlöffel auf einen Topf eindreschen. Es schepperte, dass die Fensterscheiben hätten zittern müssen, während das Publikum treuherzig lächelte. Das war nun wirklich genug, was zu viel war, war zu viel! Er stoppte augenblicklich das Spiel und sprang vom Hocker auf.

„So etwas lasse ich mir nicht bieten! Mich mit Ihren treudoofem Getue und diesem, diesem Ding zu beleidigen!“, dabei deutete er auf den Flügel. Unverständlich etwas durch die vor Wut zusammengepressten Zähne murmelnd stürmte er aus der Aula.

Einige der Zuhörer sahen ihm nach, andere drehten sich zu seiner Familie um, der man ansah, dass sie am liebsten in ihren Sitzen versinken würden.

„Wie ist denn der drauf?", fragte einer.

Feuer

Moritz Burghardt

Leise knarrend schwingt die Tür auf und ich trete in das große Zimmer des Hauses. Es ist fast quadratisch und ähnelt dem in unserem eigenen früheren Haus sehr. Ich hätte es gerne wirklich dort getan, aber damals ist nicht mehr viel von ihm übrig geblieben und so habe ich beschlossen, stattdessen dieses ähnliche und verlassene Häuschen im Wald zu nutzen. Heute ist es nun also so weit, heute, genau zehn Jahre später, zehn Jahre nach dem Feuer.

Feuer, schießt es mir durch den Kopf, gleißende Flammen, ein Inferno! Es breitete sich blitzschnell aus, umschloss mich, übertönte meine Schreie und die meiner Mutter. Es lachte mich aus. Hämische, groteske Gesichter in den Flammen.

Ich muss diesen Wahnsinn beenden! Heute und ein für alle Mal. Alles ist vorbereitet und ich gehe den Plan noch ein letztes Mal durch. Ich gehe hinüber zum Tisch und lege das Feuerzeug neben die Kerze. Natürlich ist Vater nicht aufgefallen, dass eines fehlt. Seitdem es geschehen war, ist er endgültig zum Kettenraucher geworden und die Dinger stapeln sich zu Hause. Ist die Kerze erst mal angezündet, werde ich sie umstoßen.

Ich spielte, ich war doch noch ein kleines Kind, erst drei. Ich hatte meinen Teddy über den Tisch gegen den Vorhang geworfen und wollte hinterher. Aber ich stieß gegen den Tisch und so fiel die Kerze um. Ich war schuld, egal, was alle anderen sagten. Ich hatte alles in Gang gebracht, das ganze Feuer.

Feuer, denke ich, eine Kerzenflamme, so klein und harmlos. Aber sie war tödlich.

Ich gehe um den Tisch herum und rücke den Teddy zurecht. Die Kerze muss ihn genau treffen. Sie wird auf ihn fallen und ihn in Brand stecken.

Mein armer Teddy starrte mich gequält an, als wolle er vor Schmerz schreien. Ich blickte auf das Feuer, das langsam sein Gesicht entstellte.

Feuer, denke ich, eine strahlende, flackernde und grausame Krone um das Gesicht des Teddys. Schöner als Gold, schmerzhafter als Dornen.

Ich öffne das Fenster einen Spalt breit, dadurch bekommen die Flammen noch mehr Luft. Alles genau wie damals. Der Teddy lehnt am Vorhang und die Glut wird überspringen. Der Wind weht den Vorhang leicht in Richtung des Wandschrankes in der Ecke, perfekt. Natürlich ist der Schrank nicht so kunstvoll, wie unserer es gewesen war, eigentlich sind es nur ein paar zusammengeschraubte Bretter, aber den Zweck erfüllen sie. Viel wichtiger ist der Inhalt, mehrere Flaschen hochprozentiger Getränke, darunter sogar Strohrum. Brennt erst einmal der Schrank, wird es nicht lange dauern, bis sie herunterfallen, klirrend zerschellen und sich ihr Inhalt über den Boden ergießt.

Als die erste Flasche zu Boden fiel, fuhr meine Mutter erschrocken herum. Bis dahin hatte ich nur ganz still dagesessen und die Flammen angestarrt. Entsetzt stürzte sie zu mir und riss mich weg vom Feuer.

Feuer, denke ich, zuckend und flackernd. Es spiegelte sich in den vielen kleinen Scherben. Hundert verrückte Tänze, hundert Spiegel des Grauens.

Die Lache aus Alkohol wird sich ausbreiten und schließlich auch den Korb mit Feuerholz für den Kamin erreichen. Ich überprüfe noch einmal, ob es wirklich trocken ist, und vor allem, ob die Packung mit Anzündern darin liegt, wie es bei uns unachtsamer Weise immer der Fall gewesen war.

Nachdem Mutter mich auf dem Sofa in der gegenüberliegenden Ecke des Raums in Sicherheit gebracht hatte, eilte sie wieder zurück, um die Flammen zu löschen. Sie hätte hinausrennen sollen. Sie hätte uns beide außer Gefahr bringen sollen. Aber sie dachte, dass sie die Flammen löschen und den Schaden gering halten konnte. Sie hatte ihren Besitz ihrem Leben vorgezogen und letztendlich beides verloren. Sie wollte zum Schrank, doch der brennende Alkohol versperrte ihr den Weg. Ein See aus Feuer.

Feuer, denke ich, flüssiges Feuer, noch gefährlicher. Kein See, eher ein Fluss mit unzähligen Seitenarmen, wie ein Delta. Sie reichten überall hin, versperrten jeden Weg.

Ich rücke den Polstersessel ganz nah an den Korb heran, die Flammen müssen überspringen. Was habe ich mich abgemüht, diesen Sessel zu bekommen. Es ist wohl der schwierigste Teil der Vorbereitung gewesen. Ich habe ihn eines Nachmittags beim Sperrmüll entdeckt, ein großer grüner Polstersessel, wie wir ihn gehabt hatten. Sofort bin ich mit meinem

Bollerwagen gekommen und habe ihn mitgenommen. Rechts neben dem Sessel, der zum Kamin zeigt, steht der Korb mit Holz, links ein kleines Tischchen mit Vaters Flasche Scotch. Brennt der Tisch, so wird auch diese Flasche, die niemals im Schrank stand, herunterfallen. Dies ist die einzige Stelle, an der ich nachhelfen muss. Der Weg des Alkohols war zufällig und denkbar ungünstig gewesen. Ich ziehe schon eine Spur mit Whisky, damit das Feuer auch ja den richtigen Weg findet.

Feuer, denke ich, nicht mehr flüssig, sondern lebendig, tierisch! Kein Fluss mehr, sondern eine Schlange. Zielstrebig schlängelt sie sich auf ihr Opfer zu, bereit zum tödlichen Biss. Mutter war immer noch beim Schrank zugange, sie merkte es nicht.

Die Spur führt zum Bücherregal, der letzten und entscheidenden Station des Feuers. Auch dieses ist wie der Schrank für meine Zwecke nur notdürftig zusammengeschraubt, aber es führt wie unser damaliges um die Ecke, über die Tür und dann einen Großteil der Wand entlang. Damit wird die dritte Seite des Raumes in Brand gesetzt und nach dem Fenster mit der Tür auch noch der letzte Fluchtweg versperrt werden. Ich habe die Bretter anbringen und etliche Bücher sammeln müssen, aber auch das ist mir schließlich gelungen. Das Feuer wird das Papier verschlingen.

Feuer, denke ich, alles verzehrend, alles vernichtend. Es macht keine Unterschiede. Ob Holz, Alkohol oder Papier. Ob ein Tier aus Stoff, eines aus Fleisch und Blut oder ein Mensch. Ob eine Mutter, ihr Kind oder beide.

Nur vernichtete es damals nicht beide.

Meine Mutter hatte schließlich auch bemerkt, dass sich die Flammen weiter ausgebreitet hatten, aber da war es schon zu spät. Die Tür war durch brennende Regalteile und Bücher versperrt, das Fenster durch den Tisch und die flatternden Vorhänge. Es gab kein Entkommen. Sie eilte zum Sofa zurück, an die einzige noch nicht brennende Seite des Raumes. Dort lag ich noch immer. Ich war die ganze Zeit über still gewesen, hatte nur entsetzt beobachtet. Die Flammen brannten sich nicht nur in den Raum, sie brannten auch Bilder in mein Gedächtnis. Nun, als Mutter mich aufhob und an sich drückte, begann ich zu weinen. Ich schluchzte und heulte und hämmerte gegen sie, weil sie machen sollte, dass es aufhörte. Aber sie konnte nicht. Sie konnte nichts tun. So hätten wir beide sterben müssen. Doch dann fiel ihr Blick auf ein Bild von ihr und meinem Vater und mir, als ich gerade ein Jahr alt war. Ich weiß nicht, was sie in diesem Moment dachte, aber es hatte sie bewegt, nicht aufzugeben. Zumindest nicht mein Leben, ihres schon. Sie packte das Bild und warf es gegen die Fensterscheibe, die klirrend zerbarst. Ein letztes Mal sah sie mir in die Augen und küsste mich auf die Stirn. Dann ging sie so nah an den brennenden Tisch, wie sie konnte, schaute nach draußen und zielte auf den großen Schneehaufen kurz hinter dem Fenster. Sie warf gut. Ich flog vorbei an den Resten der Vorhänge, durch die zerbrochene Scheibe und auf mein weiches Kissen aus Schnee. Hinaus aus dem Grauen, dem Tod, dem Feuer.

Feuer, denke ich, ungerecht, herzlos, in all seiner Hitze eiskalt. Es belohnt nicht, erkennt keine Heldentaten und keine

Liebe an. Es kennt nur Opfer und die bekämpft es, bis von ihnen nur noch Asche übrig ist oder es selbst erlischt.

Während ich im Schnee lag, unfähig, mich zu bewegen, hörte ich Schreie, ich weiß nicht mehr, ob es meine oder die meiner Mutter waren, und das laute Prasseln. Bald kam die Feuerwehr. Die hohe, weithin sichtbare Rauchsäule muss sie alarmiert haben. Die Feuerwehrleute fanden mich im Schnee und versuchten in das Haus zu gelangen, aber es war zu spät, meine Mutter schrie nicht mehr.

Ich wurde ins Krankenhaus gebracht, aber mir fehlte nichts. Vater kam sofort von der Arbeit. Er sagte, es sei nicht meine Schuld, alle, mit denen ich darüber sprach, sagten das. Aber ich weiß es besser. Sie waren nicht dabei gewesen, ich schon. Sie hatten die Kerze nicht umgestoßen, ich schon.

Seit zehn Jahren plagen mich die Erinnerungen jetzt, genauso lebhaft, als wäre es gestern geschehen. Seit zehn Jahren brüllt, flüstert und weint die Stimme meiner Mutter in meinem Kopf, ich habe sie umgebracht. Heute werde ich das büßen. Heute werde ich die Gerechtigkeit schaffen, die die Flammen nicht schaffen wollten. Heute werde ich im Haus bleiben, während meine Mutter irgendwo da draußen ist. Heute werde ich sie wiedersehen.

Ich gehe zum Stuhl und nehme Platz. Es ist alles vorbereitet und alles wird funktionieren. Ich habe lange genug geplant, gewartet und gelitten. Mein Blick fällt auf das Feuerzeug.

Feuer, denke ich, das Ende.

<u>Wasser</u>

<u>*Maximilian Winkler*</u>

Ich blickte auf eine große blaue Fläche. Eigentlich war es eine gewaltige blaue Fläche und eigentlich war die Fläche nicht mal wirklich blau. Eher grünlich, vielleicht auch grau. Sie glitzerte. Über mein ganzes Blickfeld erstreckte sie sich, mal unterbrochen, aber nie wirklich gestört durch ein paar Steine oder Felsen, und setzte sich auch noch jenseits des Horizonts fort. Und dort am Horizont, da verband sich diese Fläche mit dem Himmel und wie in wunderbarer Synthese verschlangen sie sich ineinander und verbanden sich zu einem fantastischen Mysterium. Minuten-, stunden-, tage-, jahrelang blickte ich auf diese Fläche. Denn sie war mein Leben. Sie war der Ursprung allen Lebens. Sie war Wasser. Klares, kühles, kraftvolles Wasser.

Seit jeher gibt es nichts auf dieser Welt, das mich so sehr interessiert und fasziniert wie Wasser. Wasser ist mein bester Freund, meine feurige Leidenschaft und immer für mich da. Es kann jede Form annehmen, immer so sein, wie ich es für richtig halte. Ich kann es kontrollieren.

Diese einfache Verbindung von zwei Wasserstoffatomen und einem Sauerstoffatom hat mich schon immer beeindruckt. Von den vier Elementen Feuer, Luft, Erde und Wasser fand ich letzteres immer am 'coolsten'. Das Feuer habe ich immer als das Böse verachtet und Luft und Erde kamen mir einfach schwach, lächerlich und nicht weiter beachtenswert vor. Das Wasser war in meinen Vorstellungen das erhabenste aller dieser vier Elemente.

Hier an diesem Ort konnte ich meinen Gedanken immer freien Lauf lassen. Dieser Ort gehörte allein mir. Ich war noch nie mit jemand anderem hier gewesen. Diese wundervolle Stille hier, der leichte Wind, welcher die geschmeidigen Wassermassen zu seichten Wellenbewegungen bewegte. Die Bäume ließen ihre Blätter im Takt wiegen. Und auch das Wetter war hier einfach immer gut. Jedes Mal, wenn ich hier auf diesem einen Stein stand und mir dieses wunderbare Naturschauspiel ansah, wünschte ich mir, ich könnte malen. Mit einem Foto kann man die Vielschichtigkeit, die sich hinter allem hier verbirgt, und die verschiedenen, mal satten, mal blassen Farben nicht einmal im Ansatz einfangen. Schon oft nahm ich mir ein Blatt und ein paar Farben mit und versuchte meine Gefühle, meine Sicht auf diesen Ort künstlerisch darzustellen. Vergeblich. Dieser Ort, dieses Wasser existiert nur hier und nur in mir. Sonst nirgendwo.

Wasser gegen Feuer. Für mich ist das nur Gut gegen Böse, Weiß gegen Schwarz. Die Entscheidung fiel mir darum leicht. Ganz im Gegensatz zu sonst, da sind Entscheidungen einfach nur das Schlimmste für mich. Darum war ich froh, dass es endlich mal etwas gab, bei dem die Entscheidung ganz einfach ist. Auf dieses Wasser konnte ich meine ganze Hoffnung setzen, es würde mich nie enttäuschen.

Ich schloss meine Augen und atmete tief durch. Ich roch eine angenehme, frische Seeluft, untermalt durch das wohlklingende Rauschen der Bäume und das leise, niedliche Plätschern des Wassers. Es war so unschuldig, so rein, so gütig. Vor langer Zeit hat es mir gute Dienste erwiesen. Ich wusste es schon immer: Wasser ist stärker als Feuer.

Ich beschloss nun, ein kleines Stück zu gehen. Dieses steife Stehen konnte doch auf Dauer recht unangenehm werden, auch wenn mir das in meinem Zustand der Glückseligkeit dann meist gar nicht auffiel. Die Bank dort einige Hundert Meter weiter war mein Ziel. Sie lag sehr hübsch versteckt hinter einer großen Eiche. Wenn es im Sommer zu heiß wurde, konnte ich mich gut in ihrem Schatten kühlen. Das war auch mein Plan für heute. Dieses Wetter, so schön es auch war, konnte einen dennoch ganz schön mitnehmen. Durst, schoss es mir durch den Kopf. Zum Glück hatte ich meine Wasserflasche dabei, aber das ist kein Wunder, denn die hatte ich immer dabei. Immer diese eine. Wer braucht schon Abwechslung. Ich auf jeden Fall nicht.

Ich nahm einen Schluck, einen großen Schluck. Die erfrischende Flüssigkeit floss durch meinen Hals. Sie gab mir neue Kraft, neue Zuversicht. Es hatte mir mein ganzes Leben lang Zuversicht gegeben. Inzwischen war ich an meiner Bank angekommen und wollte mich gerade setzen.

Da sah ich die Welle. Gigantisch. Ich schätzte sie auf eine Höhe von mindestens 20 Metern. Ich wusste nicht, woher sie gekommen ist. Ich wusste gar nichts mehr. Die Faszination wirkte wie lähmend auf mich. Es war schon fast klischeehaft, wie ich da mit offenem Mund stand und die immer näher kommende Welle anstarrte. Ich machte keine Anstalten, davonzulaufen. Mir war klar, dass ich es nicht schaffen würde. Also machte ich es mir lieber auf meiner geliebten Bank gemütlich. Ich hatte keine Angst.

Das Wasser traf mich mit einer gewaltigen Wucht. Während ich hin und her gewirbelt wurde und ich merkte, wie meine Lebenskraft mich langsam verließ, fasste ich noch einen letzten, klaren Gedanken: Vielleicht lag ich falsch. Vielleicht ist Wasser ja doch nicht besser als Feuer. Aber ich bin froh, es immer geglaubt zu haben.

Der Todesengel

Sophie Eichel

Wer bin ich?

Schwach flimmert ein Name in meinem Hinterkopf auf.

N ... Ni ...

Wie heiße ich?

Wer bin ich?

Wo bin ich?

Verwirrt versuche ich mich aufzusetzen, mein Versuch schlägt fehl, da meine Hände und Füße mit Manschetten an dieser Liege, auf der ich aufgewacht bin, befestigt sind.

Amüsiert schnaufe ich, wenn ich meinen winzigen Körper in Augenschein nehme.

Tatsächlich ist er klein.

Meine dünnen Beine stecken in einer zu großen Jeans, und soweit ich es sehen kann, trage ich ein T-Shirt mit einem Hulk-Aufdruck.

Vorsichtig bewege ich meine Füße, an denen ich nichts trage.

Warum?

Ich weiß es nicht.

Ich weiß nur, dass ich weg will. Ich will mich umsehen, herausfinden, wer ich bin, warum ich hier bin.

Und töten.

Moment.

Töten?

Ich denke kurz über dieses kleine Wort nach.

Töten.

Ich balle eine Faust, wenn mich mit diesem Wort die Mordlust überkommt. Oh ja, ich will töten.

Wütend reiße ich an der Manschette um mein rechtes Handgelenk, zufrieden grinsend, wenn ich leise ein Stück von ihr reißen hören kann.

Erneut versuche ich es, mit einem immer größer werdenden Grinsen.

Wer auch immer mich hier festhält, er oder sie wird mir Antworten geben müssen. Und sterben.

Töten. Töten. Töten.

Ich wiederhole dieses so kurze Wort, das für mich schon fast melodisch klingt, immer wieder, während ich wütend an meinen Fesseln rüttle.

Ein irres Lachen schallt durch den mittelgroßen Raum, als ich es geschafft habe meine rechte Hand zu befreien.

Ich zucke zusammen und suche wie wild umher.

Wer ist da?

Töten.

Zum ersten Mal höre ich meine Stimme, wenn ich laut rufe: „Komm doch!“

Sobald ich meine Stimme höre, realisiere ich, dass das mein Lachen war.

Ich breche in noch kränkeres Gelächter aus, sobald ich das verstehe. Immer noch lachend fahre ich mit meiner Befreiung fort.

Nach nicht einmal einer halben Minute sitze ich auf der Liege und knackse zufrieden mit meinem Nacken und meinen Knöcheln.

Nicht schlecht für so einen winzigen Körper.

Langsam stehe ich auf, erst vorsichtig, um zu testen, ob ich gut laufen kann.

Dann schnell, als ich davon überzeugt bin, gut auf den Beinen zu sein.

Ich will mich auf die Suche machen nach denen, die mich hier festhielten. Ich kann mich nicht erinnern, was genau passiert ist, aber ich kann jetzt schon sagen, das war gegen meinen Willen. Sie haben mir wehgetan und dafür werden sie leiden.

Aber erst, nachdem ich endlich herausgefunden habe, wer ich bin.

Währenddessen ...

„Wir haben es geschafft! Das Experiment ist uns gelungen“, ruft der Professor freudig.

Sein Partner hingegen scheint nicht guten Mutes zu sein, denn er starrt die ganze Zeit nachdenklich an die Wand.

„Das ... Das war ein Junge. Er hatte noch sein ganzes Leben vor sich ... Und wo ein Kind ist, sind natürlich auch Eltern ... Oh, Gott im Himmel ... Was haben wir denn nur getan?“

Erstaunt blickt der Professor seinen Partner an.

„Ist das ... Ist das dein Ernst?“, fragt er, ohne auch nur zu versuchen, den Zorn in seiner Stimme zu verbergen. „Wir haben so viel durchgemacht! Gestohlen! Das Kind entführt! Wir sind seit Monaten an diesem Plan dran, wir können nicht einfach aufhören!“

Betroffen nickt der junge Mann.

„Du hast ja recht, aber –“

Der Rest des Satzes hängt in der Luft.

„Hast du das gehört?“

Kichernd laufe ich durch den Flur, aus irgendeinem Grund wissend, wo ich hin muss.

Mit einer Art Stock schlage ich während des Gehens gegen die Wände, jedes Mal, wenn ich Gegenstände finde, nehme ich mir kurz Zeit um sie zu zerstören.

Ein bisschen Spaß muss sein.

Wenn ich Stimmen höre, bleibe ich neugierig stehen.

„W..r h..n viel tschuchgacht ...“

Ich lege meinen Kopf schräg und konzentriere mich.

„Gestohlen! Das Kind entführt! Wir sind seit Monaten an diesem Plan dran, wir können nicht einfach aufhören!“

Ich grinse.

Sieht so aus, als sei ich hier richtig.

Grölend fange ich wieder an, diesen Stock gegen die Wände zu schlagen.

„1 ... 2 ... 3 ...“, brülle ich laut kichernd, „Versteckt oder nicht, ich kooommeee!“

Ich führe meinen Weg fort, werde allerdings stumm, als mir eine herrliche Idee kommt.

Leise schleiche ich durch den Gang, immer wieder bei jeder Tür anhaltend und konzentriert lauschend.

Wenn ich das Gefühl habe, die richtige gefunden zu haben, verharre ich ein paar Sekunden vor ihr, lauschend, um zu wissen, ob das denn auch die richtige ist. Schließlich will ich mir nicht den Spaß nehmen.

„Hast du das gehört?“

Ich verkneife mir das Lachen, während ich langsam nach der Klinke der Tür greife.

Einmal atme ich noch durch, dann stoße ich die Tür schwungvoll auf und rufe laut: „Gefunden!“

Bei dem Anblick der Gesichter bleibt mir nichts anderes übrig, als sie auszulachen.

Der eine, ich schätze mal, es ist der Jüngere, starrt mich mit einer Mischung aus Entsetzen, Angst und Schuldbewusstsein an, wohingegen der Ältere mich nahezu anglotzt, als wäre ich sein Kind.

Amüsiert und genervt hebe ich die Arme und mache eine kunstvolle Pirouette.

„Sehe ich so gut aus oder warum guckt ihr so blöd?“

Vorsichtig macht der Ältere einen Schritt auf mich zu, er zuckt aber sofort zurück, wenn ich ihm den Stock drohend entgegenhalte.

„Ein weiterer Schritt und du kriegst den hier zu spüren, Freundchen“

Er zögert kurz, entschließt sich dann aber doch dazu, es auf einen Versuch ankommen zu lassen.

Im Gegensatz zu ihm zögere ich nicht, ich brauche nicht mal auszuholen. Ich ramme ihm einfach nur den Stock in den leicht rundlichen Bauch. Infolgedessen sackt er zusammen; ob er noch bei Bewusstsein ist, kann ich nicht erkennen.

Eine Sekunde zucke ich zurück.

Sie haben mich auch mit diesem Stock geschlagen.

Haben mich, einen kleinen, hilflosen Jungen, einfach mit einem Stock verprügelt.

Mit einem wütenden Aufschrei hole ich erneut aus und ramme den Schlagstock auf seinen Kopf.

Dem Knacksen nach zu urteilen, habe ich ihm den Schädel gebrochen.

Bevor ich mich dem jungen, nun zitternden Mann zuwende, nehme ich einen Moment, um bewundernd meine Arme anzugucken.

Nicht schlecht.

Ein Japsen des Mannes zieht mich aus meiner Bewunderung, ich schaue auf und lächle ihn mit geheuchelter Freundlichkeit an.

„Dich hab ich ja schon fast vergessen, wie wär's mit einem kleinen Kaffeeklatsch?"

Mit einer Todesmiene ziehe ich mir nun einen Stuhl heran, auf den ich mich ihm gegenüber rittlings setze.

„Also", fange ich im Plauderton an, „wir spielen jetzt good cop / bad cop, nur ohne den guten Cop. Soweit verstanden?"

Verängstigt nickt er.

„Gut. Die Regeln sind folgendermaßen: Du antwortest mir auf meine Fragen und ich lasse dich vielleicht am Leben. Lügst du oder antwortest du mir nicht, töte ich dich. Verstanden?"

Erneut nickt er.

Gut.

„Erste Frage. Wer bin ich?"

Verzweifelt ringt er nach Worten, aber anstelle von zusammenhängenden Sätzen kommt nur ein Würgen.

Geduldig warte ich, als er sich plötzlich zur Seite beugt und übergibt.

Er kommt wieder hoch und bricht in Tränen aus, scheint so, als denke er, ich wolle ihn jetzt töten.

„Also?"

Er holt pfeifend Luft, bevor er endlich etwas rauskriegt.

„Ich weiß nicht, wer du bist. Wir haben dich mitnehmen müssen, da du unsere Pläne gehört hast, und wir konnten es nicht zulassen, dass jemand davon weiß."

Ich nicke.

„Was für Pläne?"

Er holt tief Luft. „Eine ...", beginnt er zögernd, „eine Tötungsmaschine. Eine Art Todesengel, der stärker ist als normale Menschen und unserem Willen folgt."

Das hat ja super geklappt.

„Will ich wissen, was ihr mir angetan habt?", frage ich, zum ersten Mal mit einem gewissen Zögern.

Er räuspert sich. „Nein. Nein, mein Junge ... das willst du nicht."

Ich nicke.

Ein Teil in mir will ihn töten, ein anderer jedoch nicht.

Ich gucke ihm in die Augen.

Hat er es verdient zu sterben?

Wütend schreie ich auf: *„Verdammt!"*

Er zuckt zusammen.

Zitternd schmeiße ich den weißen Knüppel in die Ecke und trete den Stuhl um.

Töten.

Ich raufe mir die Haare.

Töten.

Ich renne raus, ohne zu wissen, wo ich hin muss. Ich kann den Weg nur ahnen, aber trotz meiner Desorientierung finde ich tatsächlich den Weg zurück an die Öffentlichkeit.

Geblendet halte ich mir eine Hand vor die Augen, da ich gefühlte Wochen nicht die Sonne habe erblicken dürfen.

Sobald ich mich an das Licht gewöhne, fange ich an zu laufen.

Ich weiß nicht mal, wohin.

Töten.

Vor einer Laterne bleibe ich stehen, verwirrt das Bild des Jungen betrachtend, das dort dran hängt.

„Vermisst: Nick Bricke“

Den Rest lese ich nicht, ich will es nicht.

Ich heiße also Nick..

In Gedanken versunken laufe ich weiter durch die Straßen, als mich auf einmal jemand in seine Arme zieht.

„*Nick!* Oh, Nick! Mein Schatz! Wo warst du?“, schluchzt die Frau, die mich an sich presst. „Oh, Nick, ich hab mir so Sorgen gemacht!“

Töten ...

Alles wird gut
Teresa A. Niessing

„Alles wird gut", sagt er. Nein, nicht er sagt das, alle sagen sie es. Alles wird gut, alles wird gut. Alles. Wird. Gut. Mal eindringlich. Dann beschwörend. Ermahnend. Verzweifelt ...
Egal, was geschieht, es gibt immer einen Ausweg. Es sind schon schlimmere Dinge geschehen. Viel größer, als eine einzelne Person es sich vorstellen kann. Und doch ... Nein! Nein! Nein, alles wird gut! Alle Dinge sind in der Lage, zu heilen. Aber wie kann man es sich vorstellen? Wo ist die Hilfe, wo der Ausweg, wenn doch aller Sinn verschwunden ist? Was soll noch gut werden, wenn die ganze Welt in sich zusammenbricht, das Herz zerreißt, die Seele ein einziges brennendes Feuer wird, welches mit jeder Sekunde höllischer schmerzt? Ich habe ihn gefunden. Das Feuer wird gelöscht, doch dann folgt die Dunkelheit.

Seine Augen taxieren mich. „Können Sie mich hören?" Seine Augen sind grau. Durch das Licht der hereinfallenden Sonne bekommen sie einen warmen Glanz. „Verstehen Sie mich?" Warm. Warm wie die Sonne. Solange man ihr nicht zu nahe kommt. Sonst wird sie einen mitleidlos verbrennen. Heiß, lodernd ... Nein! Denn alles wird gut. Die Welt dreht sich doch schließlich von jeher. „So antworten Sie mir doch!" Seine Lippen bewegen sich in einer mir nur allzu gut bekannten Art und Weise. Sie formen jedes Wort zu bedächtig, jede einzelne Silbe wird zu deutlich betont, jeder Buchstabe zu gewissenhaft ausgesprochen. Ich lege den Kopf schief. Seine Stimme klingt wirklich nett. Wie schön es doch wäre, wenn mehr Menschen so klingen würden. Vielleicht würde sich dann etwas ändern? Vielleicht könnte ich es dann schaffen?

„Alles wird gut", sage ich. Er sieht mich an und jetzt liegt doch wirklich eine Spur freudiger Überraschung in seinem Blick. Das gefällt mir. Es ist schön, wenn Menschen überrascht sind. Es bringt sie dazu, anders zu handeln, als sie es im Normalfall täten. „Alles wird gut!", wiederhole ich erregt und warte gespannt auf seine Reaktion. Er nickt hastig. „Ja, ja, natürlich! Alles, wirklich alles wird gut. Lassen Sie mich Ihnen helfen. Dann wird alles gut werden."

Nein ... Die Überraschung ist schon wieder fort. Da ist wieder dieser Ausdruck von einstudierter Anteilnahme. Einstudiert, falsch, aufgesetzt, gelogen. Zu viele Lügner, zu viel Fassade, zu viel Verstecken, aber wo ist der Ausweg? Wo, und wie beginnt man, ihn zu finden? Aber habe ich ihn nicht schon gefunden? Für mich haben doch alle hier keine Bedeutung mehr. Alles hat keine Bedeutung mehr außer dem Wissen, dass doch immer alles gut enden wird. Das ist wahr, denn sie alle sagen es. Noch immer mustert er mich, scheint etwas zu erwarten, doch was? Ich beuge mich vor, um ihn genauer zu betrachten. Um die Augen hat er kleine Lachfältchen. Was bringt ihn wohl zum Lachen? Und wie sein Lachen wohl klingt? Ich weiß es nicht. Er sieht nicht so aus, als würde er bald lachen. Zum Glück habe ich Zeit, viel Zeit. Auch das sagen sie mir immer wieder. Langsam beginne ich, vor und zurück zu schaukeln. Vor, zurück, vor, zurück, vor ... Der oberste Knopf seines Hemdes muss einmal abgerissen sein. Der Faden, mit dem er angenäht wurde, ist eine Nuance heller als die der übrigen. Zurück, vor, zurück, vor, zurück ... Er ist nicht verheiratet. Kein Ring. Vor, zurück, vor, zurück ... Aber vielleicht war er es mal. Dort ist etwas, das wie der Abdruck eines Ringes aussieht. Vor, zurück, vor, zurück, vor, zurück ... Ob er deshalb aufgehört hat zu lachen? Hat für ihn etwas nicht gut geendet? Vor, zurück, vor, zurück, vor ... Er trägt eine Armbanduhr. Zurück, vor, zurück ... Sie hat ein Lederarmband. Dunkles, weiches Leder. Vor, zurück, vor ... Das Zifferblatt ist in einem goldenen Rahmen eingefasst. Auch die Ziffern selbst sind golden, und oh, auch die Zeiger! Tick, tack. Wenn ich ganz still bin, kann ich es hören. Mein Vater hat mich früher an seiner Uhr lauschen lassen. Tick, tack, tick, tack. Aber diese Uhr hier tickt schneller. Ungleichmäßig! Schneller, viel schneller! Ich bewege mich in ihrem Rhythmus: Tick, tack, tick tack, zu schnell, viel zu schnell und sie wird immer schneller. Mit einem Mal wird mir ganz heiß, und meine Anspannung entlädt sich in einem lauten Schrei. Nicht laut genug, um das Ticken zu übertönen, viel zu leise! Tick, tack, tick tack. Ich schreie lauter, lauter. Aber dann ist plötzlich alles vorbei, alle sind da, alle, alle sind sie da. Aber er ist weg. Mit ihm das Ticken. Einfach weg.

„Beruhigen Sie sich, beruhigen Sie sich doch!“ Ich mustere die Frau überrascht, die meinen linken Arm festhält, während ein junger Mann die feine Nadel einer Spritze in meinen rechten Oberarm sticht. Ich sehe zwischen den beiden hin und her. Alle anderen sind auch da, sie stehen um mich herum. So viele, und alle wissen sie, dass alles gut wird. Ich bin ein Teil von ihnen, denn ich weiß es auch. Endlich weiß ich es auch. Sie sind die Hilfe, das sagen sie immer. Sie sind für mich da.

Ich setze mich in meinen Sessel und sehe aus dem Fenster. Die Sonne ist da, aber zu ihr darf ich nicht, sie zerstört, nein, nein, sie ist gut, gut, besser. Aber warum ist sie dann weggesperrt? Die Gitter trennen mich von ihr. Warum? Nicht fragen, nicht. Wer weiß, dass immer alles gut wird, muss sich keine Fragen stellen. Ich lege den Kopf in den Nacken und beginne lauthals zu lachen. Bin ich nicht ein Kind des Glücks? Haha, mir stehen immer alle Möglichkeiten offen, da ich es weiß, ich einfach das Einzige weiß, das eine Bedeutung hat. Denn ich weiß: Alles wird gut. Immer. Das ist die Wahrheit, denn sie alle sagen es. Alles wird gut.

Der Ewige Kreis

Anja Benderoth

Nein! Nicht ich! Niemals! Wie von Weitem hörte ich lautes Geschrei, hörte eine Tür krachend zufallen. Doch in diesem Moment konnte ich nicht realisieren, dass ich es war, die diesen Lärm verursacht hatte. Gehetzt von meinen Gedanken rannte ich die weißen Gänge entlang. Doch ich sah nur noch Rot. Alle Konturen verschwammen, eine Träne tropfte leise auf den Gang. *Unmöglich!* Ich suchte einen Ausweg, musste einfach raus hier. Ich rannte weiter. Ich fand einen Ausgang. Und rannte trotzdem weiter. Ich wollte fliegen, abheben, einfach weggehen. Einfach und doch so kompliziert. Eine Bank. Ich verspürte den Drang, mich zu setzen, meinen Puls zu beruhigen. Meinen Herzschlag. *Schon jetzt bist du erschöpft. Du bist müde. Zu müde.* Ich konnte mich nicht setzen, ich hasste das Gefühl, schwach zu sein. Ich ging weiter. Einen Schritt. Und noch einen Schritt. Und einen letzten Schritt, bevor ich mich verlor. Ich hatte diesen Kampf verloren, doch es war erst der erste. Der erste von vielen, die noch folgen würden.

∞

Als ich wieder aufwachte, befand ich mich in der Schule, in meinem Klassenraum, während des Unterrichts. Ich saß inmitten meiner Mitschüler, doch keiner schien mich zu beachten. Ich fand mich auf eine Gleichung starrend wieder.

Als es klingelte, verließ ich wie so oft den Raum und ließ mich mit dem Strom hinaustreiben, in dem ich wie so oft fast versank. Ich fühlte mich beobachtet, gehetzt, von allen. Hunderte von wissenden Blicken ruhten auf mir, schienen mich zu verspotten, zu verdammen. *Du hast nichts Besseres verdient. Du bist schlecht. Du hast sie alle enttäuscht. Jeden Einzelnen. Jeden Einzelnen, den du liebtest.* Als ob sie davon wüssten, mieden sie mich, schufen eine unüberwindbare Distanz. Jedoch sah ich nicht, dass sie eigentlich nur zielstrebig ihrem Blick folgten, der sie immer nach vorne führte. Ich stürzte oft, und nie war jemand da, der mir hoch half. Doch ich schaffte es jedes Mal, alleine aufzustehen. Ich war noch nicht am Ende. Obwohl ich nicht wusste, wohin ich jetzt gehen musste, lief mein Körper instinktiv in die Chemie. Ob ich jetzt wirklich dort Unterricht hatte oder mich einfach nur dorthin hingezogen fühlte, war mir unklar. Benebelt durch die beißenden Gerüche betrat ich wieder meine eigene Welt, wo man mich auffängt, wenn ich falle.

∞

Immer, wenn ich durch die heimischen Wälder ging, die mir immer fremder wurden, erwachte ich wieder. Vielleicht erwachte ich durch die Sonnenstrahlen, die meine blasse, fast weiße Haut trafen, vielleicht erwachte ich auch durch das Zwitschern der Vögel, deren Melodie mich trieb, oder durch das frische Grün, das das so gewohnte kalte Grau ablöste. *Du hast diese Gefühle nicht verdient. Sie sind zu gut für dich. Du bist krank.* Jeder neue Schritt fiel mir schwerer, mit jeder

Wurzel, über die ich stolperte, verlor ich an Kraft. Das Böse in mir wuchs unausweichlich. Gräser streiften meine Beine. Es kitzelte. Ich lachte. Ich stolperte. Ich stürzte. Aber ich fiel weich. Das kniehohe Gras fing mich auf, es sorgte sich um mich wie auch das Blätterdach, das mich vor den vernichtenden Blicken schützte. Ich fühlte mich geborgen in den Armen des Flusses, etwas, das ich im Beisein von Menschen nicht empfinden konnte. Ein letztes Gefühl von Hoffnung breitete sich in mir aus. *Mach es dir nicht noch schwerer! Du weißt, wie es enden wird.* Eine dunkle schwarze Wolke schob sich vor die Sonne. Ich würde auch diesen letzten Kampf verlieren. Dem Tod gegenüberstehend erkannte ich, was es bedeutet zu leben. Doch es war zu spät. Viel zu spät.

Die Wiedergutmachung

Adrian Welcker

„Sie haben ziemliche Kopfschmerzen, nicht wahr?“, fragte er. Er sah müde aus, seine einst grüne Uniform war jetzt gelblich-grau von Schutt und Staub des Schlachtfeldes, mit roten Blutflecken von den Männern, die er versorgt hatte.

Als Antwort nickte ich nur schwach. Ich hatte wirklich ziemliche Kopfschmerzen.

„Kein Wunder ... Es hat Sie ganz schön hart am Kopf erwischt. Warten Sie, ich hole Ihnen ein paar Schmerz-tabletten.“ Er stand auf und ging zu einem kleinen Schrank. „Sie sollten viel schlafen ... Ich wohl auch“, seufzte er, als er einige Pillen aus dem Schrank kramte. Er wirkte so erschöpft, als er mir ein Glas Wasser brachte.

Ich nahm es dankend an, schluckte die Tabletten und trank den Rest gleich hinterher. „Wie schlimm ist es, insgesamt?“, fragte ich. Ein bisschen fürchtete ich mich vor der Antwort.

„Ein paar Verbrennungen, Ihr linkes Bein ist gebrochen, einige kleinere Kratzer und Schrammen ... Nichts, was wir nicht wieder hinbekommen würden. Was mir Sorgen bereitet, ist, dass Sie irgendwie gestürzt sind und sich ziemlich am Kopf verletzt haben. Wir haben Sie bewusstlos gefunden, nachdem Sie sich nicht zurückgemeldet haben. Sie sollten jetzt schlafen, Sie haben es nötig“, sagte er mit einem schwachen Lächeln.

Explosionen überall. Wir rücken vor und gehen in Deckung.

Kugeln zischen knapp über unsere Köpfe hinweg. Einer von uns Dreien riskiert einen Blick um die Ecke, um freies Schussfeld auf den Feind zu haben. Wir halten ihn zurück, kurz bevor eine Kugel ihm das Leben genommen hätte.

Wir empfangen eine Nachricht über das Funkgerät. „Rückzug“, heißt es. Wir finden eine ordentliche Deckung in der Nähe und entschließen uns, es zu riskieren. Geduckt drehen wir uns um und bewegen uns so schnell wie möglich. Ich bin jetzt ganz rechts in unserer Gruppe, ein paar Meter abseits. Eine Granate landet links von uns. Ohne Vorwarnung explodiert sie.

Ich werde durch die Druckwelle nach hinten geschleudert und stürze. Meine Sicht wird verschwommen und dunkler. Blut, überall Blut. Die Schmerzen nehmen langsam überhand, ich beginne zu schreien.

Irgendetwas rüttelt an meiner Schulter. Ich öffne die Augen.

„Albträume?“, fragte er sanft.

„Was ... was ist denn passiert? Wo sind die anderen?“, fragte ich, noch etwas verwirrt.

Sein Gesichtsausdruck änderte sich, und ich ahnte bereits, was bevorstand. „Es tut mir leid, sie haben's nicht geschafft.“

„Aber ... wie? Warum mussten sie sterben?“, fragte ich mit Tränen in den Augen.

„So, wie es aussieht, fielen Ihre Kameraden einer Granate zum Opfer, die zu nah bei ihnen gelandet ist. Sie waren weit genug weg, um zu überleben.“

Er sah heute besser aus. Seine Uniform war sauber und ohne

Flecken, und er schien sich ausgeruht zu haben.

Ich zwang meine Aufmerksamkeit zurück zum Thema. Es hatte keinen Sinn zu versuchen, mich abzulenken.

„Wie fühlen Sie sich heute? Ich meine, tut irgendwas weh?"

„Mein linkes Bein fühlt sich irgendwie nicht ganz richtig an, aber ansonsten geht's mir ziemlich gut."

Er nickte. „Wir haben die Fraktur geschient, als wir Sie gefunden haben. Es ist geplant, dass Sie heute Nachmittag in den OP gehen, damit da alles wieder richtig zusammengesetzt wird."

„Wie spät ist es eigentlich?", fragte ich.

„Ähm ... kurz vor halb zwölf."

„Da gibt es bald Mittagessen?" Beim bloßen Gedanken daran fing mein Magen an zu knurren. Auch wenn ich zu Hause niemals so etwas wie die Kartoffelsuppe mit der undefinierbaren Wurst gegessen hätte.

„Sie werden bald operiert", sagte er entschuldigend, „da dürfen Sie jetzt leider nichts essen."

„Aber – ach, was, es wird schon gehen, ich werde Ihnen nicht aus den Latschen kippen ..."

„Ich bin lange genug hier, um zu wissen, dass ihr euch gerne unbesiegbar fühlt, obwohl ihr kaum stehen könnt", erwiderte er schmunzelnd.

„Ich schätze, Sie haben recht", gab ich zu.

Drei Stunden später, die ich irgendwie totgeschlagen habe, wurde ich in den OP-Raum gebracht. Es war alles ganz normal, wie jedes Mal. Der Anästhesist steckte mir ein paar Nadeln in den Arm, und ich entspannte mich und dämmerte langsam weg.

Explosionen überall. Wir rücken vor und gehen in Deckung. Aus irgendeinem Grund tut mein linkes Bein weh, ich humple. Kugeln zischen knapp über unsere Köpfe hinweg.

Ich werde in Deckung gezogen, gerade rechtzeitig, um mich vor einer Kugel zu retten, die mich eine halbe Sekunde später erwischt hätte.

Wir empfangen eine Nachricht über das Funkgerät. „Rückzug", heißt es. Wir finden eine ordentliche Deckung in der Nähe und entschließen uns, es zu riskieren. Geduckt drehen wir uns um und bewegen uns so schnell wie möglich. Ich kann immer noch nicht richtig laufen, ich werde eher mitgezogen.

Bumm. Ein Schuss trifft den Ersten. Er geht zu Boden, und ich mit ihm, er hatte mich gestützt.

Bumm. Der zweite landet neben mir. Ich weine. Irgendetwas greift meine Schulter. Ich öffne die Augen.

Ich machte die Augen auf. Der Wecker klingelte wie verrückt. 08:05 Uhr – gerade rechtzeitig. Ich stand auf und ging direkt duschen, um den Schweiß von dem Albtraum abzuwaschen. Wie so ziemlich jede Nacht seither.

Als ich aus der Dusche kam, zog ich meine gute alte Tarnhose, ein dunkelgrünes T-Shirt und ein Bundeswehr-Basecap an und ging dann frühstücken. Ich weiß nicht, warum ich das immer noch anziehe – ich mag es irgendwie, obwohl ich schon vor zwei Jahren, also drei Monate nach dem Vorfall, aus dem Militär ausgetreten bin. Außerdem ist es bequem.

Ich ging dann zur Bushaltestelle, da ich noch einen Termin mit meinem Psychologen hatte.

Der Bus kam heute überraschenderweise pünktlich. Ich stieg ein und setzte mich irgendwo hinten hin. Ein Junge, vielleicht sechzehn, saß weiter vorne allein in einer Vierer-Sitzgruppe. An der nächsten Haltestelle stiegen zwei Typen ein, so um die Zwanzig, die schon so aussahen, als ob sie Ärger machen wollten. Sie setzten sich ihm gegenüber.

„Ey, du Opfa, glotz nischt so blöd!“, hörte ich einen sagen. Sie fingen an, ihn zu schubsen, und schoben ihn schließlich aus dem Sitz. Sie standen auch auf und bedrohten ihn. Einer von ihnen zog ein Messer.

Ich hielt es nicht mehr aus. Scheiß-Idioten! Ich ging nach vorne. Den Busfahrer schien das Ganze nicht zu interessieren. „Lasst ihn in Ruhe“, sage ich mit Nachdruck.

„Ey, Alta, was denkstu, wer du bischt?“, fragte der eine.

„Denkstu, du bisch’ besser wegen Scheiß-Training?“, fügte der andere hinzu.

„Ja, du hascht uns nix zu melden!“, stimmte der Erste zu. Sie kamen näher. Ich wurde ein bisschen nervös, wich aber nicht zurück.

„Gehtisch nix an hier!“, sagte der Erste weiter, jetzt fuchtelte er mit seinem Messer vor meiner Nase rum.

Bevor ich weiter drüber nachdenken konnte, übernahm mein Training die Führung, und mit einem gezielten Schlag aufs Handgelenk zwang ich ihn, das Messer fallen zu lassen. Ich wich knapp den Schlägen des anderen aus. Ich verpasste ihm einen ebenso präzisen Kinnhaken, und mit einem befriedigenden *Rumms* landete er auf dem Boden. Der Erste kam jetzt wieder auf mich zu, leistete seinem Kumpel aber kurz darauf auf dem Boden Gesellschaft, nachdem er sich *irgendwie* an einer der Haltestangen den Kopf gestoßen hatte. Den Busfahrer schien es immer noch nicht zu interessieren.

Ich setzte mich neben den Jungen, der die Szene mit einer Mischung aus Angst und Belustigung beobachtet hatte.

„Alles in Ordnung?, fragte ich ihn.

„Ja ... danke“, erwiderte er.

„Kein Problem“, sagte ich lächelnd. „Ich bin Erik. Schön, dich kennenzulernen“, fuhr ich fort, während ich meine Hand ausstreckte.

„Colin“, antwortete er, meine Hand schüttelnd.

Die beiden Kerle auf dem Boden begannen, sich zu rühren. Ich warf ihnen einen bösen Blick zu, und die beiden kauerten sich an die hintere Bustür, um an der nächsten Haltestelle abhauen zu können.

„Aber warum haben Sie das getan? Ich meine, Sie haben wahrscheinlich nichts mit denen zu tun“, fragte er.

„Nun, nein ... Es war einfach falsch, was sie getan haben ...“

Wir redeten noch weiter über unsere Vergangenheit, bis er aussteigen musste. Es fühlte sich gut an, endlich mal mit jemand anderem als meinem Psychologen darüber zu reden. Das war wohl die erste Nacht in Jahren, die ich friedlich durchschlafen konnte.

Adventslichter

Anja Benderoth

Langsam zog Leopold die Straße entlang. Sie war jetzt, am ersten Advent, schön weihnachtlich geschmückt. Leopold nahm jedes warme Licht und jedes fröhliche Lachen in sich auf, so, als werde er nie wieder eines zu hören bekommen. Dass er selbst mal gelacht hatte, war lange her. Zu lange, um sich zu erinnern. Nach einer Weile bog er in eine kleine Seitenstraße ab. Mit der Menschenmenge waren auch die vielen verschiedenen Geräusche und Gerüche schlagartig verschwunden.

Das vertraute Klingeln der alten Glocke ertönte, als Leopold die Tür öffnete. Dieser Ort hier war so unberührt von der Zeit geblieben, auf den Wandgemälden lag eine zentimeterdicke Staubschicht, und es herrschte nur ein schummriges Licht. Sogar der Wirt war derselbe geblieben. Hier fühlte er sich wohl. „Das Übliche", sagte er zum Wirt und schaute sich um, ein wenig aufgebracht musste er feststellen, dass sein Stammplatz besetzt war. Wie konnte das sein? Er kam fast jeden Tag hierher und jeder hier wusste, dass dies sein Platz war. Wollte dieser Kerl ihn provozieren? Doch womöglich wusste dieser Jungspund nichts von seinem Fehlverhalten. Ein wenig in seiner Ehre verletzt und so, als wäre ihm ein Zacken aus seiner Krone gebrochen, setzte er sich zum Wirt an den Tresen. Vielleicht war der heute mal wieder zu einem kleinen Plausch aufgelegt, dachte Leopold sich. Das würde kein langweiliger Nachmittag werden. Entspannt lehnte er sich zurück und genoss diese Atmosphäre ganz bewusst, so, als ob er nie wieder was von ihr hätte. Er unterhielt sich ein wenig mit dem Wirt und verabschiedete sich dann. Für heute war es genug, er würde ein anderes Mal wiederkommen und dann würden sie in ihrem Rätsel fortfahren. Leicht verärgert über ein paar Kinder, die sich einen Spaß daraus machten, Leute mit ihren komischen Melodien zu ärgern, schlenderte er weiter über die weihnachtlich geschmückten Einkaufsstraßen. Als er die vielen glücklichen Paare sah, spürte er Einsamkeit. Auch dieses Jahr würde er Weihnachten wieder alleine verbringen. Doch nach Nähe hatte er sich nie gesehnt. Dieses Gefühl war ihm fremd.

An fast jeder Ecke standen Buden, in denen gebrannte Mandeln und all dieser andere Süßkram verkauft wurde. Früher standen dort Rosskastanienröster, die sich am Feuer ihre Hände wärmten.

So schnell verging die Zeit. Leopold hatte noch vor Augen, wie die Stadt früher, vor langer Zeit, als er jung war, ausgesehen hatte. Es war eine große Veränderung. All diese vielen Läden, die doch im Grunde genommen alle das Gleiche verkauften. Und dann auch noch diese grellen Reklameschilder, deren Licht fürchterlich in den Augen wehtat. Allein der Gedanke jagte Leo einen kalten Schauer über den Rücken.

Langsam trat die Dämmerung ein. Doch der Mond stand schon lange am Himmel. Es war eine typische Winternacht, sobald es dunkel wurde, veränderten sich die Leute auf den Straßen völlig. Die Kinder verschwanden, und ältere Bettler und Landstreicher kamen. Wenigstens etwas, das im Laufe der Jahre gleich geblieben war. Nun, da er diese Erkenntnis hatte, klammerte er sich an sie wie ein kleines Kind an seine Mutter. Es war das Einzige, was ihm über all die Jahre geblieben war. Doch Leopold war mit den Geheimnissen der Nacht ebenso wenig vertraut wie ein kleines Kind, sodass es nicht lange dauerte, bis er in die falsche Seitenstraße abbog. Überall am Rand, zwischen den engen hohen Mauern der umstehenden Häuser, standen gierige Frauen, die ihm abfällige Blicke zuwarfen, sie schienen ihn regelrecht zu foltern, zu bedrängen. Schnell versuchte er die Gasse hinter sich zu lassen, doch die Blicke kamen hinter jeder Ecke hervor, holten ihn ein, er konnte ihnen nicht entkommen. Er war zu schnell gelaufen. Viel zu schnell für einen alten Mann. Jetzt waren es nur noch zwei Ecken, dann war er zu Hause. Obwohl es viel länger dauerte, wählte er den von modernen Straßenlaternen beleuchteten Weg. Ein paar gute Erfindungen hatten die Wissenschaftler der letzten Jahre schon gemacht. Gedankenverloren überschritt er den Zebrastreifen vor seiner Haustür, als er in der Ferne das Martinshorn der Feuerwehr hörte. Ein Krankenwagen war auch dabei. Aber das war inzwischen zum Alltag geworden. Nichts Besonderes mehr in dieser Gegend. Und doch war es diese Nacht anders. Es war, als würden die Geräusche ihn verhöhnen, als ob sich ein gehässiges Lachen unter die schrillen Töne mischte. Mit einem „Klack“ sprang das Schloss auf und Leopold öffnete die Tür einen Spaltbreit und schlüpfte hindurch.

Erleichtert atmete er auf, als er das Licht im Flur einschaltete. So schwer war ihm der Heimweg noch nie gefallen, es war merkwürdig. Leopold zog seinen Mantel aus und hing ihn an den Harken der Garderobe. Immer noch grübelte er über die Ereignisse des vergangen Tages. Er kam zum Schluss, dass heute einfach nicht sein Tag gewesen sein musste. Zufriedener beschloss er, auch diese Nacht auf dem Sofa zu schlafen. Leo ging erst ins Schlafzimmer, wo er sich zwei dicke Wolldecken holte. Danach wickelte er sich in sie ein und legte sich auf das alte Sofa, welches er sich in jungen Jahren gekauft hatte. Ein Schmuckstück. Der Bezug war beige mit dunkelblauen Lilien drauf, was zu seinerzeit nicht gerade preiswert gewesen war. Ruhelos lag er da, konnte nicht einschlafen, wälzte sich von einer Seite zur anderen, bis ihn schließlich doch die Müdigkeit überkam.

Doch dieser traumlose Schlaf hielt nicht lange an, sodass Leopold schon bald wieder aufwachte. Verspannt und mit einem steifen Nacken stand er auf und ging ins Bad, um dort seine morgendliche Katzenwäsche zu erledigen. Nachdem er das Bad wieder verlassen hatte, schlurfte er in den Flur, wo die Tageszeitung schon auf dem alten Teppich lag. „Brand in Schreinerei“ war die Überschrift des Artikels auf der Titelseite. Das war also der Grund, weshalb gestern die Feuerwehr ausgerückt war. Ausgerechnet in der Schreinerei, wo er früher gearbeitet hatte. Leopold fühlte sich so, als ob jemand in seine Erinnerungen ein Loch gebrannt hätte; obwohl er damals viel über seine Arbeit geflucht hatte, war es doch eine sehr schöne Zeit gewesen. Leo wagte sogar so weit zu gehen zu behaupten, dass es eine seiner schönsten Zeiten im Leben gewesen war. Und nun war es vorbei. Mit einem Seufzer beschloss er, in die Küche zu gehen, sich eine Stulle zu schmieren und einen Kaffee zu kochen. Hungrig aß er sein Butterbrot, denn Wurst und Käse waren ausgegangen.

Als er fertig gegessen und seinen Kaffee ausgetrunken hatte, zog er sich seine Schuhe und den dicken Wintermantel an, der trotz seiner vielen Jahre, die er schon alt war, immer noch warm hielt. Er war eine gute Anschaffung gewesen. Nun war er bereit, seine Wohnung zu verlassen. Er trat aus der Tür, schloss sie hinter sich zu, steckte den Schlüssel ein und ging Richtung Kneipe davon. Doch dieses Mal nahm er einen anderen Weg als in der vergangenen Nacht, aus Angst, dass diese Gedanken, die er anscheinend so gut verdrängt hatte, ihn wieder heimsuchen würden. Nach einer kurzen Weile kam er am Lokal an. Heute war er ungewöhnlich früh dran, auf der Straße war ja auch keine Menschenmasse, die ihn hätte aufhalten können. Und wieder erklang das Klingeln der Glocke, als er das Lokal betrat. Und auch heute musste er feststellen, dass derselbe Mann wie gestern auf seinem Platz saß, und war enttäuscht. Mit einem traurigen Gesichtsausdruck setzte er sich an den Tresen und sagte lange nichts, bis eine Bedienung ihn fragte, was er denn wolle, und als Leopold darauf antwortete, dass er auf einen alten Freund wartete, entgegnete ihm die Bedienung freundlich, dass der Herr des Hauses erkrankt war und das Lokal nicht weiter führen könne.

Geschockt blieb er sitzen und musste diesen Schrecken erst einmal verdauen. Heute bestellte er nichts, sondern blieb wortlos auf dem Hocker sitzen und blickte sich in dem Raum um. Eigentlich war alles gleich geblieben, bis auf ein Bild, das anscheinend von der dicken Staubschicht befreit worden war. Auf dieser Leinwand war die Familie des Besitzers abgebildet. Sie wirkte glücklich, obwohl das Bild verdeutlichte, dass sie nicht sehr wohlhabend war. Das Porträt war in einer Zeit der Armut entstanden, im Hintergrund sah man die Kneipe, wie sie damals aussah. Von diesem Gemälde fasziniert, verließ Leopold das Haus und fand sich bald darauf in einer leeren Fußgängerzone wieder. Leopold vermisste den Trubel und die bunte Menschenmenge, die sein Leben ein wenig aufgeheitert hatte.

Er beschloss, den heutigen Tag im Park zu verbringen. Beim Bäcker kaufte er sich ein paar Brötchen und ging auf eine Bank am Ufer des Sees zu. Schon als er noch dabei war, sich zu setzen, kamen bereits die ersten Enten. Leopold begann sie zu füttern. Als die Brötchen alle waren, lehnte er sich zurück und genoss die letzten wärmenden Sonnenstrahlen des Tages. Ruhig beobachtete er die vielen Tiere, vor allem das Schwanenpärchen, das sich jetzt gegenseitig das Gefieder putzte. Es erinnerte ihn an ein Liebespärchen. Mit einem leichten Stechen im Herzen dachte er an seine verstorbene Frau. Was sie jetzt wohl tat? Er erinnerte sich nur zu gut an ihre letzten Worte, hatte es jedoch bis jetzt nie gewagt, diese auszusprechen, wahrscheinlich hatte er sich davor gefürchtet, diese Worte aus seinem Mund zu hören. In dem Moment, in dem er diese Worte aussprach, fühlte er sich beruhigt, er hatte plötzlich keine Angst mehr vor dem, was kommen würde. Friedlich schloss Leopold die Augen und schlief ein.

Schachmatt

Anja Benderoth

„Schachmatt."

Es war nur ein Wort und doch riss es ihn aus seinen Gedanken. Es war unmöglich, er hatte alles durchgeplant, jeden einzelnen seiner Züge und jeden gegnerischen Zug vorhersehen können. Es konnte unmöglich schief gegangen sein. Er hatte perfekt gespielt, so wie immer. Im Kopf ging er alle Züge nach und nach noch mal durch, doch er konnte einen möglichen Fehler einfach nicht finden. Er war sich sicher, er hatte keinen Fehler gemacht, und doch stand er, der König, gefallen durch einen einfachen Läufer, nun am Ende seiner Macht, am Ende seiner Kraft.

Ohne hinzusehen konnte er das überlegene Grinsen auf dem Gesicht seines Gegners, des Siegers dieser Partie, ausmachen. Sein Gesicht verzog sich vor Wut, die Augen verengten sich zu Schlitzen, unfähig, die Wahrhaftigkeit dieser Situation zu erkennen, der Bauch zog sich zusammen, alle Muskeln verkrampften. „Du hast mich betrogen! Und getäuscht! Dir habe ich vertraut!", schrie er und warf mit Worten um sich, scharf wie Messer, um seine längst gefallene Verteidigung noch einen weiteren, kleinen Moment aufrechtzuerhalten, den Schein zu wahren. „Getäuscht und enttäuscht hast du mich! Und nun geh!" Und diese Messer trafen, sie verletzten seinen Gegner, ließen die Fassade bröckeln. Ein Beben ging durch ihn, er erzitterte, wollte seine Schwäche verbergen, doch es gelang ihm nicht. Eine Träne suchte sich ihren Weg über seine Wange, ungesehen und doch bemerkt fiel sie unüberhörbar zu Boden. Er wandte sich von ihm, seinem gefallenen König, ab, unfähig, ihm in die vor Zorn blitzenden Augen zu sehen, die seinen Rücken zu verbrennen schienen. Es tat weh und doch bemühte er sich, aufrecht zu gehen. Er verließ den Raum und schloss die Tür hinter sich.

Doch die Wut war noch nicht verraucht. Argwöhnisch betrachtete er das Schachbrett. Seine Dame war sich anscheinend zu fein für einen riskanten Zug gewesen, starr stand sie in der Ecke und betrachtete das Spiel aus sicherer Entfernung. Seine Bauern zu weit vorgeeilt, auch auf sie war kein Verlass. Die treuen Springer waren zu früh gefallen, hatten sich geopfert. Und nun stand er, der König, verlassen von seinem Gefolge, alleine dort. Das große schwarze Schaf inmitten einer weißen Herde.

Sein Puls stieg wieder, er begann zu rasen, das Herz in seiner Brust, es begann zu hämmern. Die Stille in seinen Ohren verwandelte sich in einen lauten, monotonen Aufschrei. Es war kaum auszuhalten. Er wand sich hin und her unter der Folter seines Kopfes, doch dieser wollte nicht aufhören, ihn zu verspotten. Es wurde heiß, unerträglich heiß. Schweißperlen bildeten sich auf seiner Stirn und flossen auf ihrem Weg zum Boden über sein glühend rotes Gesicht. Er tobte. All die Wut und Enttäuschung in ihm war zu einem großen Sturm angewachsen. Er wütete. Der Sturm zerstörte vieles, was ihm wichtig gewesen war. Das Schachbrett knallte gegen die

Scheibe, welche unter einem hohen Klirren zerbarst. Die Splitter flogen in alle Richtungen und trafen auch ihn, doch er spürte sie nicht. Der hölzerne König fiel ebenfalls zu Boden. Sein Kopf rollte durch das Chaos. Kühle Luft strömte durch die zerbrochene Scheibe herein und berührte seine Haut. Er verließ den Raum durch den Scherbenhaufen, der von der ehemals trüben Fensterfront geblieben war.

Langsam ließ er sich niedersinken. Dort kniete er zwischen den Glassplittern, die sanft in seine Haut eindrangen. Rotes, warmes Blut quoll aus den Schnitten hervor und perlte an seinen mit Gänsehaut überzogenen Beinen ab und tropfte unbemerkt auf den frostigen Boden. Zitternd, ob vor Angst oder vor Wut, konnte man nicht sagen, begann er zu reden, zu schreien und ging nach wenigen Augenblicken in ein Wimmern über. Immer wieder nahm er sich selbst alles, was ihm wichtig und wertvoll war.

Mit leisen Schritten ging sie, die Königin, neben ihn, streichelte ihm liebevoll über den Rücken und schaute ihm mit ihrem warmen Blick in die Augen, direkt ins Herz.

Frei
Sophie Eichel

Eines Nachts träumte ich, ich sei frei.

Frei wie ein Vogel.

Ich träumte von dem Gefühl, diesem Käfig, den man Leben nennt, entkommen zu können.

Auf flinken Flügeln flog ich in die vielversprechende Zukunft, welche ich mir immer wünschte.

Ich streifte diese Zwangsjacke ab, die mich davon abhielt, frei zu sein. Zu leben und zu lachen.

Diese Zwangsjacke, die mich des Nachts immer weinen ließ. Eine sanfte Brise war auf meiner Haut zu spüren, auf welcher eine leichte Gänsehaut zu erkennen war.

Ich war glücklich, so glücklich, wie ich es nie für möglich gehalten hätte.

Ich warf einen letzten Blick auf meine Vergangenheit, auf die Dinge, die mich nie haben aufblühen lassen. Die mich fast zerstörten.

Auf diese Leute, die mich nie abheben ließen, die mir Trauer bescherten.

Sie brauchten mich nicht mehr, das wusste ich mit Sicherheit. Niemand würde es also merken, wenn ich diese Tür zu meinem Glück durchschritt.

Lächelnd schloss ich meine Augen, um mich endlich fallen zu lassen.

Während dieses Falls konnte ich spüren, wie alle Traurigkeit und Dunkelheit von mir abließ.

Ich spürte die Freiheit.

Als der Fall endete, wachte ich auf.

Ich wachte auf, mit heißen Tränen in den Augen, doch es waren keine Tränen der Trauer, nein.

Es waren Tränen der Freude.

Tränen der Freude und Hoffnung.

Denn für diesen Moment keimte Hoffnung in mir auf.

Hoffnung darauf, dass dieser Traum sich bewahrheiten könnte.

Endlich war ich glücklich.

Ertrinken

Sophie Eichel

Das blaue Meer umschließt mich.

Schnürt meinen Atem ab, treibt mich fort.

Ich versuche mich vom Grund abzustoßen, nach oben, greife nach der Freiheit.

Doch es gibt keinen Boden.

Dieses Meer aus Gedanken.

Dieses Meer aus Gefühlen, Fehlern und Komplexen, es ist endlos.

Langsam verliere ich an Kraft, ich möchte aufgeben und mich sinken lassen, in die Arme des kühlen Blaus.

Aber einen letzten Versuch wage ich.

Meine Arme und Beine rudern verzweifelt, bei dem kläglichen Versuch, dem Ertrinken zu entkommen.

Dieser Versuch ist zum Scheitern verurteilt.

Meine Glieder werden taub, schreien mir nahezu zu aufzugeben.

Müde schließe ich meine Augen.

Lasse mich sinken.

Ertrinke.

Rennen

Sophie Eichel

Ich renne.

Und renne.

Und renne.

Warum renne ich?

Ich finde keine Erklärung für meine Frage, auf diesem endlosen Weg, der immer wieder neu anfängt. Laut und doch so lautlos hallen meine Schritte durch die Leere. Als wäre ich nicht existent. Ich keuche, schnappe nach der Luft, die ich doch nicht brauche.

Ich ertrinke in diesem wasserlosen See aus Panik, doch bin ich emotionslos.

Welchen Sinn ergibt das?

Bin ich tot?

Habe ich jemals wirklich gelebt? Vielleicht war mein Leben nur Illusion, die Illusion einer zerstörten und verbrauchten Welt. Kaputt von Krieg. Hass.

Die Hoffnung einer Illusion kommt auf, denn in einer toten Welt will ich nicht leben und nie gelebt haben.

Aber ist das besser?

Diese Leere, die mich trotz Dunkelheit blendet?

Ich halte an, ohne mich je fortbewegt zu haben.

So langsam wird mir alles klar: Ich kann mich nicht auf das Ziel zu bewegen, wenn ich keines besitze. Mein Atem wird langsamer. Hier gibt es keine Luft. Keinen Sauerstoff.

Nur mich. Endlich kenne ich mein Ziel. Nun kann ich mich ihm nähern.

Es gibt nur noch mich, die scheinbar endlose Leere und mein Ziel.

Das Ende der Leere.

Träume werden wahr

Anja Benderoth

Sie rennt und rennt. Um sie herum ist alles weiß. Weiß und kalt wie Eis. Sie rennt weiter, um sie herum toben Engel. Es wäre alles so wunderbar. So wunderbar einfach. Dieser wundervolle Schnee, er hat so viele Seiten. Er fällt gleichmäßig. Dann sieht alles gleich aus. Keine Wiese ist grüner. Es ist alles weiß. Trostlos. Wenn die Schneeflocken um einen herumtanzen, fragt man sich; Ist es ein Tanz der Freude oder der Verzweiflung? Diese Ungewissheit lässt einen rätseln. Und doch weiß man die Antwort sofort. Wenn diese glitzernden Eiskristalle auf deiner Haut letztendlich Halt suchen, bist du es doch, der sie umbringt. Du strahlst eine vergängliche Wärme aus. Und was du auch nur versuchst, du wirst nie eine Grazie wie sie erreichen. Schnee. Sie wirft sich in den Schnee. Es sieht aus, als würde sie kämpfen. Kämpfen mit der unwiderstehlichen Versuchung. Die Sonne beginnt zu lachen. Es ist, als ob sie die ganze Erde mit einem einzigen Lächeln zum Strahlen bringen könnte. Doch es ist schmerzlich. Zu schmerzlich, um hinzusehen, für sie. Verwirrt dreht sie sich im Kreis. Es scheint hoffnungslos. Doch es gibt immer einen Ausweg. Einen einzigen. Das scheint nun auch sie zu begreifen. Ruhig lässt sie sich in die tödliche Kälte sinken. Sie hat Frieden geschlossen. Frieden mit der unvermeidlichen Zukunft. Langsam geht die Sonne unter, doch ihr Abschied ist nicht so farbenfroh wie sonst. Nur grau. Dieses Grau vermischt sich mit der hereinbrechenden Dunkelheit der Nacht. Und mit ihr kommt auch die Stille. Es ist unheimlich still diese Nacht. In dieser verhängnisvollen Nacht. Sie beobachtet den Sternenhimmel, als plötzlich ein Hoffnungsschimmer am Nachthimmel auftaucht. Ihre Rettung. Ihr Wegweiser. Voller Hoffnung bricht sie auf und folgt dem glitzernden Stern. Und wieder rennt sie. Sie rennt und rennt, schöpft ihre letzten Kräfte aus. Bald ist sie angekommen. Bald ist sie am Ende. Mittlerweile hat es aufgehört zu schneien, auch der Mond hat sich hinter einer Wolke versteckt. Nun ist sie angekommen am Ziel ihrer Reise. Sie steht vor einem Spiegel.

Und ich sehe mich.

Ein Töten für den Tod

Sven Eschlbeck

Ich laufe geradeaus. Immer geradeaus. Ohne Ausnahme. Links und rechts nichts als endlose Weite. Steppe. Tötende Hitze. Es ist ein Teppich aus Sand und Geröll, der all diese bunten Momente von Euphorie und Freude unter sich begräbt. Er hat kein Erbarmen mit den Menschen. Emotionslos tötet er. Töten. Immer wieder Töten. Das ist es, dieses eine Wort, das mir nicht mehr aus dem Gedächtnis geht. Töten. Immer und immer wieder geht es mir durch den Kopf. Ein inneres Netz aus Verzweiflung und Angst. Angst. Angst vor dem Töten, Angst vor ...

Ich laufe geradeaus.

Ich weiß nicht, wie lange ich das noch aushalte. Zehn, fünfzehn Meilen. Ich habe Durst. Meine Schritte werden immer schwerer. Meine trockene Kehle fleht um Wasser. Doch nichts, keine Antwort. Immer geradeaus. Ich muss ihnen doch entkommen! Sie wollen mich töten! Töten! Dieses kalte Wort, wie ein scharfes Messer fährt es durch meine Erinnerungen. Ein Pendel der Qual. Ich versuche, mich zu erinnern. Doch das Messer hat meine lebendige Vergangenheit bereits tödlich verwundet. Töten. Immer wieder töten.

Zurück in der Realität. Glühende Hitze. Staub und Steine. Am Horizont einige kahle Berge. Sonst nichts. Nichts. Ich und diese tote Welt. Tod, eine Vorstellung des Schmerzes. Ich fange an zu rennen. Ich muss ihnen doch entkommen. Immer und immer wieder trifft das Messer meine Wahrnehmung. Pochender Schmerz. Sekunde für Sekunde. Nach und nach verliere ich die Kontrolle über meine eigene Welt. Auch die Gegenwart trifft das tödliche Messer mittlerweile. Tod. Geistiger Tod. Das ist es, was ich spüre. Ich möchte zurück ...

Unmöglich!

Ich renne weiter. Weiter in eine unbekannte Zukunft. Weiter in den Tod, in das Nichts, in die unbarmherzige Hölle, den Himmel der Qual. Mittlerweile liege ich auf dem Boden, im Zentrum des Unbelebten, in der Wüste ... Alles dreht sich um mich. Keine Kontrolle.

Es war ein Krieg gegen den Gegner. Jetzt ist es ein Krieg gegen meine eigenen Wahnvorstellungen. Ein aussichtsloser Krieg. Krieg ohne Ziel. Verderben. Endloses Verderben. Ich habe meine Maske niemals ablegen können ...

Neid – eine Momentaufnahme

Jan Fimmers

Während ich verkrampft versuchte, mich an das Geländer der Seebrücke zu lehnen, und meine Augen wild alle Personen um mich herum fokussierten, verspürte ich ein Gefühl, welches mir schon öfters begegnet war. Ein negatives Gefühl, das ich immer versucht habe zu unterdrücken. Das Gefühl des Neides. Ich war ihm schutzlos ausgeliefert und es bohrte sich durch jede Synapse meines Verstandes. Ich betonte in meinem irrationalen Selbstgespräch immer wieder die Ungerechtigkeit, die mir widerfährt. Mein aus dem Neid resultierender Hass würde immer größer, jeden, der auf der Seebrücke ein Foto machte, verurteilte ich als eine „oberflächliche Instagram-Hure ", die ältere Dame, die versuchte, ihren Haarausfall mit einem lächerlich großen Sonnenhut zu kaschieren, war in meiner Welt nur noch eine Belastung für die Rentenkasse. Und der Junge habe sein neues Smartphone doch gar nicht verdient, er habe nichts dafür geleistet und nur von seinen „Bonzen-Eltern" profitiert. Was ist das für eine Welt, in der eine gewisse Chancengleichheit gewährleistet sein soll, aber der eine Mensch sein Privatleben aufgeben muss, um sich den Anblick auf das Meer erarbeiten zu können, und ein anderer nichts dafür tun muss, als „Verantwortung" zu tragen!

Selbst der leisen Stimme des Über-Ichs, welche mir klar machen wollte, dass ich doch dankbar sein sollte für das, was ich besitze, und dass jeder seine eigenen Probleme hat, vertraute ich nicht und sie wurde sofort unterdrückt mit allerlei Fallbeispielen, um meine rationale Seite von den unfairen Startbedingungen, von denen ich glaubte betroffen zu sein, zu überzeugen.

Ich konnte diese mächtige Ungerechtigkeit um mich herum nicht ertragen, sodass ich die Seebrücke sehr zügig, gefangen in meinem Tunnelblick verließ. „Ich kann diese großkotzigen Familien in ihrem Wellenstein-Partnerlook und diese glücklichen Pärchen, welche ihren Urlaub zusammen verbringen dürfen und wahrscheinlich den ganzen Mist noch bezahlt bekommen von ihren reichen Eltern, absolut nicht akzeptieren!“ Unablässig predigte ich in mir solche Hassgedanken und sogar Gestik und Mimik signalisierten, dass ich in diesem Zustand kein angenehmer Zeitgenosse war. Leute, die mir entgegen kamen, hielten sowieso einen Meter Sicherheitsabstand, da sie „sich vor so einem von der Gesellschaft gebrandmarkten Versager distanzieren wollten“.

Kurz nachdem ich die Strandpromenade verlassen hatte, fiel mir eine kleine Schachtel runter. Sie öffnete sich dabei und ein silberner Ring, welcher von einem blau schimmernden Kristall gekrönt wurde, löste sich dabei aus der Fixierung und rollte über eine Steinplatte. Als die rote Abendsonne ihre Strahlen auf den Ring warf, konnte man beim Funkeln des Ringes das heutige Datum erkennen. Aus einer Affekthandlung heraus hob ich beide Dinge auf, brach die Schachtel durch und setzte zum Wurf an. Zum „Ich-schenke-dem-Ozean-fünfhundert-Euro-Wurf". Erst als ich merkte, wie viel Arbeit ich da wegschmeißen würde, konnte ich mich in meiner Wut einigermaßen bremsen. Doch mein bodenloser Neid, welcher sich mittlerweile zu einer selbstständigen Hassperson manifestiert hatte und nun in meiner linken Gehirnhälfte wohnte, erinnerte mich daran, welch ein Versager ich doch sei, dass ich nicht mal einen Ring wegwerfen konnte. Mit letzter Kraft, obwohl ich so gerne meinen Trieben freien Lauf gelassen hätte, wandte ich mich wieder meinem Weg zu.

Ich hatte schon mal bessere Ideen, als mich mit einer so starken emotionalen Disbalance in das nächstbeste Café zu setzen. Den Ring anstarrend, murmelte ich grantig dem jungen Kellner meine Bestellung in Form eines kleinen Wassers zu, sein verschmitztes „Surferboy"-Lächeln hat wenig zur Deeskalation meiner Gesamtsituation beigetragen. Ich spielte mit dem Ring, den sie auf der Seebrücke im rötlichen Abendlicht nicht annehmen wollte, rollte ihn zwischen Daumen und Zeigefinger hin und her und ich spürte, wie sich mein weltverschlingender Hass in meinem Bauch konzentrierte. Ich wurde schon oft in meinem Leben gedemütigt, aber noch nie wie heute. Am Nebentisch ließ das Kind eines übergewichtigen Paares sein Besteck unabsichtlich fallen. Dies war der Moment, auf den mein „Flucht-nach-Vorne"-Wesen gewartet hatte. Während die Frau peinlich berührt „Muss das sein, Elias?" schimpfte, erreichte ich es mit einer minutenlangen Hasspredigt, deren Inhalt man drastisch auf die dezente Kritik der Erziehung dieses Balges reduzieren könnte, dass man mich mit einer blutigen Nase, da der bierbauchtragende Vater leider ein fetter ehemaliger Boxer war, des Grundstückes verwies. Meiner Meinung nach eine komplette Frechheit, dass dieser missratene Bauernsohn meinte, noch die Polizei rufen zu müssen, nachdem ich versucht hatte, mich und meinen Stolz mit einem Messer vom Nachbartisch zu verteidigen.

Alles ging mir noch mal durch den Kopf: unser oberflächliches Gespräch, mein schneller schlagendes Herz und meine Euphorie, als ich den Ring aus der Innentasche zog, die Träne, die ihr aus dem rechten dunkelbraunen Auge hinunterlief. Ich sehe immer nur die Farbe Rot, wenn ich versuche, mich an die Geschehnisse zu erinnern. Rot wie die hoffnungsvolle Liebe. Rot wie mein wutzerstörtes Gesicht. Rot wie das Wellenstein-Logo. Rot wie das Blut, welches an meiner Hand hinunterlief.

Ein Künstler

Jan Gengenbach

Ich renne.

Orientierungslos greife ich um mich herum, alles so unbekannt. Die Bäume ziehen an mir vorbei. Oder bin ich es, der an ihnen vorbeizieht? Ihre festen, breiten und großen Stämme, vernetzt in der Erde wie Beton.

Und ich?

Ich habe nur meine Beine, die wie Seile auf den Boden fallen und mit letzter Kraft versuchen, mich aufrecht zu halten.

Ich stand vor ihnen und schaute auf sie herab. Das Publikum so aufgeregt, so unfassbar berührt. Das Geräusch von Tausenden von Menschen, die voller Freude und Emotionen das wiedergaben, was ich ihnen geschenkt hatte, hallte durch meine Ohren, durch meinen Kopf. Meine Stimme schwebte durch den ganzen Raum, der Saal bebte, die Menge jubelte.

Hätte jemand ahnen können, was da noch kommt?

Der eine Schritt, der eine Fall und alles war vorbei. Geheimnis gehört, Publikum empört, Karriere zerstört.

War es das wert?

Ich renne. Weg von meinem Leben? Weg von der Sehnsucht?

Ich renne. Ziel in Sicht?

Oder bleibe ich für immer der, der über Jahre ein Betrüger war?

Kein Kind mehr

Jan Gengenbach

Ich gehe hier auf dem Weg, den Tausende Hacken zuvor betraten. Über mir der Sternenhimmel, der die massive Eleganz der Natur in all ihrer Schönheit präsentiert.

Der Geruch von unendlich wirkenden Kindheitserinnerungen strömt durch meine Nase und die einzige Frage, die mich beschäftigt, ja, gar quält, ist, was daraus geworden ist. Die Zeit, die einst so langsam verging, scheint jetzt nur noch als Wimpernschlag eines Moments, der morgen schon wieder vergessen ist. Und die Freunde, mit denen man diese Gedanken teilt, auch nur noch als Erinnerung in einem einsamen Kopf abgespeichert, der sich wünscht, den Sternenhimmel wieder so scheinen zu sehen, wie er ihn einst wahrnahm.

Ich gehe hier auf dem Weg, den Tausende Hacken zuvor betraten. Doch trotzdem ist jeder Schritt schlicht so alleine und bald wieder vergessen.

Winterengel

Teresa A. Niessing

Schlaf, mein kleiner Schatz. Schlaf jetzt, ruh dich aus …

Sie war so wunderschön. Ihr ebenmäßiges Gesicht mit dem schmalen Kinn, die vollen roten Lippen, die ihr göttlich schönes Lächeln verbargen, die hohen Wangenknochen, welche ihrer Erscheinung stets einen Hauch von Arroganz verliehen. Behutsam glitten seine Finger weiter, beschrieben die feinen Konturen der sanft geschwungenen Augenbrauen und der von dichten Wimpern umrahmten hellblauen Augen. Diese Augen. Wie viele Tage und Nächte hatten sie ihn verfolgt, hatten ihn wach gehalten, ihn an nichts anderes mehr denken lassen, seinem Leben eine neue Bedeutung gegeben. Ein Ziel. *Schlaf, mein Liebling …* Er hätte diese Augen überall wiedererkannt. Das helle Blau, das jedoch zur Pupille hin ein klein wenig dunkler wurde, die winzigen grauen Punkte, die ihren Blick so unfassbar kalt scheinen lassen konnten. Ja, wie oft hatte ihn jener eisige, verachtende Blick getroffen, ihn verspottet und verurteilt!

Er trat einen Schritt zurück, um sie genauer zu betrachten. Ihre unnahbare Schönheit. *Schlaf ein, meine Hübsche …* Winzige Schneeflöckchen wirbelten, vom sanften Wind getragen, durch die kahlen Zweige der Bäume, tanzten wie zu einem stummen Lied durch die Luft, bevor sie sich wie kleine Kristalle in ihrem hellen blonden Haar niederließen. Seine kleine Prinzessin. Sie war so perfekt. So vollkommen.

Oh, er hatte es bereits in dem ersten Moment gewusst, in dem er sie gesehen hatte. Sie sollte niemals wieder einen anderen als ihn glücklich machen. Sie sollte ihm gehören. Von jetzt an und für alle Zeit.

Dabei hatte er sie zunächst beinahe übersehen, wie sie dort in der Ecke des Cafés saß, eine Zeitung lesend, in ihrem schlichten, eleganten Kostüm. Das Handy hatte vor ihr auf dem Tisch gelegen und ihm war nicht entgangen, wie ihr Blick immer wieder wachsam dorthin wanderte. Hätte die Kellnerin ihm damals nicht den letzten freien Tisch neben ihr zugewiesen, wäre sie ihm niemals aufgefallen. Doch das Schicksal kannte keine Zufälle. Das wusste er schon sehr lange. Und als sie ihm einen kurzen, abschätzenden Blick zugeworfen hatte, war es besiegelt gewesen. *Keine Angst, ich bin doch da* ... Sie hatte die Nächste sein müssen. Seit jenem Tag hatte er sie kaum mehr aus den Augen gelassen. Nicht mehr lassen können. Und er wusste alles. Er kannte bald ihren Verlobten, diesen verdammten, langweiligen Spießer, der sie um nichts in der Welt verdient hatte, ihre primitiven Freunde, die ihrer ebenfalls unwürdig waren, und ihre lieblose Familie. Seine Kenntnisse über ihren stressigen, von ihrem Job bestimmten Tagesablauf, welcher sie selten zur Ruhe kommen ließ, bestätigten nur seinen Verdacht, dass sie mit Sicherheit unglücklich in ihrem Leben war.

Aber dann war *er* ja da gewesen. Bereit, sie aus dieser Hölle in eine süße Zukunft zu entführen. Bereit, ihr alles zu geben, was er hatte. Bereit, ihr seine Welt zu zeigen. Alles hatte er perfekt geplant. *Ich bin bei dir, meine Kleine ...* Oh, war er nicht klug? War er nicht unfassbar genial? Seine überwältigende Intelligenz ließ ihn selbst immer wieder voll Ehrfurcht erschauern. Wie musste es *ihr* erst gehen? Ja, sie würde ihn verehren, das wusste er. Auch wenn sie bisher immer so getan hatte, als sei er absolut lächerlich und nicht wert, auch nur von ihr beachtet zu werden. Er war nun einmal mit etwas gesegnet, das Anderen vorenthalten blieb. Niemand, nein, niemand würde sich jemals zu Recht anmaßen können, auch nur im Entferntesten an ihn heranzureichen.

Er hatte gewartet, bis sie von der Arbeit nach Hause gekommen war. Sie würde sich gleich mit ihrem scheinheiligen Verlobten treffen, von dem sie sich wohl noch immer einredete, ihn zu lieben. Ja, ganz geduldig hatte er dann auch noch vor ihrem Haus gewartet, obwohl sie sich viel Zeit gelassen hatte. Zwei Stunden, drei. Doch dann war die Tür aufgegangen und ihr Anblick hatte ihm beinahe den Atem geraubt. Das blaue Kleid umschmeichelte ihren wunderschönen Körper in perfekter Art und Weise, betonte ihre langen Beine und ließ ihre Augen noch heller strahlen. Das glänzende Haar trug sie heute Abend leicht zurückgesteckt, und um ihre schlanken Handgelenke lagen auf die schlichte Halskette abgestimmte Armbänder, welche verdächtig nach echten Diamanten aussahen. Sein Herz machte einen Satz vor Aufregung und ein freudiges Kribbeln breitete sich in seinem Innern aus, als er es erkannte: Sie musste geahnt haben, dass er heute auf sie warten würde. Für niemand anderen hätte sie sich derart viel Mühe gegeben. Wozu auch? Niemand anderes hatte einen größeren Wert für sie. Alles in ihrem Leben war Fassade, nur *er*, *er* ganz alleine, hatte einen Zugang zu ihren Gefühlen. Das musste ihr bewusst geworden sein. Sie hatte es so lange nicht erkennen wollen, hatte so lange immer weggesehen, wenn sie ihn erblickt hatte, doch heute Abend war sie endlich bereit, sich ihm hinzugeben. Endlich konnte sie sich ihren wahren Gefühlen stellen.

Kurz hatte sie noch gezögert, hatte noch einen schnellen, prüfenden Blick in den Spiegel im Flur geworfen, ja, vollkommen perfekt wollte sie für ihn sein, dann hatte sie sorgfältig ihren Mantel zugeknöpft und die Haustür abgeschlossen. Sie hatte auf die Uhr gesehen und war mit den ihm inzwischen so wohlbekannten, eiligen Schritten die Auffahrt hinabgelaufen. Die Vorfreude in seinem Herzen war kaum noch zu bändigen gewesen und so war er, betont langsam, doch mit zitternden Händen aus dem Auto gestiegen.

Jetzt hatte er schnell handeln müssen, aber das war nichts Neues gewesen. Es war immer das Gleiche. So kurz vor dem Ziel waren sie jedes Mal unsicher und glaubten, sie hätten die falsche Entscheidung getroffen. Jedes Mal versuchten sie, ihm wegzulaufen, und er musste ihnen helfen, ihr Glück zu finden. Das tat er gerne, denn er war ein wirklich guter Mensch. Er wusste ja, was sie wirklich wollten, aber auch, dass sie ihn brauchten, um das zu erkennen. Es war allerdings nie gut, das in der Öffentlichkeit zu klären. Das machte anderen Leuten Angst. Den Leuten, deren Gemüt noch nicht bereit war für die große Wahrheit, wie *er* sie fühlen konnte.

Er wählte stets ruhige Orte. Er hatte Erfahrung. Auch heute

hatte er auf altbewährte Methoden zurückgreifen müssen.

Die wunderschöne Frau war bei seinem Anblick abrupt stehen geblieben, bevor sie panisch den Rückweg zum Haus angetreten hatte, das Handy bereits in der Hand, doch in ihren hohen Schuhen hätte sie sowieso niemals eine Chance gehabt. Ganz sanft hatte er ihr von hinten die Hand auf den Mund gelegt, damit niemand auf ihr Rendezvous aufmerksam wurde und versuchte, es zu ruinieren. Ganz langsam war die Nadel der Spritze in ihren Oberarm geglitten und nur Sekunden später hatte sie ruhig in seinen Armen gelegen, so, wie es sich gehörte. Schnell hatte er sie ins Auto gebracht und dann waren sie endlich vereint gewesen.

Und jetzt waren sie hier. Voller Glück dachte er an die letzten Stunden zurück, die sie gemeinsam erlebt hatten. *Er* hatte ihr endlich geben können, was sie schon ihr ganzes Leben lang gesucht hatte, jemanden, dem sie vertrauen, zu dem sie aufsehen konnte, und ihr so ein würdiges Ende bereitet. Erneut betrachtete er sie voller Liebe. Bis zuletzt hatte sie nicht für ihn lächeln wollen. Doch jetzt würde das Lächeln, das er ihr hingezaubert hatte, niemals wieder von ihrem Gesicht verschwinden. Liebevoll entfernte er das Messer aus ihrem Körper, um ihr Bild wieder zu perfektionieren. Einige kleine Tropfen dunkelroten Blutes lösten sich von der silbrig im Mondlicht schimmernden Klinge und hinterließen Spuren in dem weißen, nahezu unberührten Schnee. Ganz zärtlich verschloss er ihre Wunde mit den Fingern, streichelte ihr Gesicht und blieb bei ihr, während ihr Körper langsam kalt wurde. Bis die Angst in ihren Augen erlosch und sie mit dem friedlichen Lächeln, das sie dank ihm trug, endlich einschlief. In der Ferne erklangen Sirenen. Das waren sie! Sie, die nach ihr suchten! Doch ...

Ein verschmitztes Lächeln trat auf sein Gesicht; Sie würden sie nicht finden. Sie war sicher bei ihm. Oh, ja, sie würden noch bereuen, dass sie sich nicht besser um sie gekümmert hatten. Gedankenverloren zeichnete er mit ihrem Blut ein kleines, rotes Herz in den Schnee. *Es ist Zeit, kleiner Engel ...* Er trat an sie heran und küsste ihre Lippen mit dem leicht verwischten Lippenstift. *Schlaf jetzt, mein Engel. Mein Winterengel.* So machte er sich auf den Weg. Ja, jetzt war sie sein, für immer. Die goldene Strähne von ihrem Haar in seiner Tasche war der Beweis. Und niemand, nein, niemand auf der Welt würde ihm das je wieder nehmen können.

Der Fisch und das Feuer

Felix Burghardt

Das Skalpell glitt ihm aus der Hand, schlug mehrmals klirrend auf dem steinernen Boden auf und blieb schließlich in einer Fuge zwischen zwei Fliesen liegen, als ob dort schon immer sein vorgesehener Platz gewesen wäre. Georg fluchte. Nicht nur, dass dieses lächerlich kleine Stück Metall hier einen solchen Radau verursachen konnte; angesichts der Riesenhaftigkeit des Raumes war das eigentlich nicht verwunderlich. Mit seinen meterhohen Fenstern, der schier endlos scheinenden Tiefe und der gähnenden Leere musste jedes Geräusch ja unerträglich laut von den Wänden zurückgeworfen werden. Auch die kleine Schnittwunde an seinem linken Zeigefinger, aus der sich das Blut nun allmählich seinen Weg zur Handfläche bahnte, interessierte ihn nicht besonders.

Was Georg wirklich ärgerte, war seine Unkonzentriertheit. Seit Wochen war er unruhig, denn die Ungewissheit, wie es weitergehen würde, zerfraß ihn. Seitdem seine Steckbriefe an allen Mauern Darmstadts hingen, war es endgültig klar, dass er nicht wieder in seine Heimat würde zurückkehren können. Die Flucht, die Einsamkeit, die Unsicherheit hatten ihn schließlich dazu getrieben, seine Studien hier in Straßburg wieder aufzunehmen; um Ablenkung zu finden und die alte, starre Welt, die für immer hinter ihm lag, zurückzulassen.

Als er den verwundeten Finger zwischen die Lippen genommen hatte, warf er unweigerlich einen Blick auf den Tisch und musste erkennen, dass er nicht schnell genug gewesen war: Zwar schien weder das Eichenholz noch kaum etwas sonst auf dem Tisch von dem Blut in Mitleidenschaft gezogen worden zu sein. Jedoch hatte das verfluchte Skalpell ganze Arbeit geleistet und, als er es im Moment des stechenden Schmerzes in seiner linken Hand ruckartig zurückzog und fallen ließ, gleich beschlossen, eine äußerst beträchtliche Menge an Hirnmasse mit sich zu reißen, die nun – gallertartig und unförmig, wie sie war – über den ganzen Tisch und seine Notizen verstreut im matten Licht der Wintersonne glitzerte.

Gehirne. Fischgehirne. Sie waren der einzige Grund, warum Georg an diesem bitterkalten Januarmorgen in der Universität saß, sich einmal wieder eine dieser furchtbaren Erkältungen einfing und sich zu allem Übel nun auch noch fast selbst verstümmelt hatte. Sogar tot schaffte es dieses Tier noch, seine Arbeit zu erschweren. Eine schöne Bescherung bot sich ihm nun, den Tisch konnte man zwar reinigen, aber das Präparat war dahin. Als er sich nämlich die breite Verteilung des Gehirns über den Tisch und seine vor Kälte zitternden Finger ansah, schien ihm eine Fortsetzung des Versuchs zum Scheitern verurteilt, bevor sie hätte beginnen können. Ohnehin hatte Georg nur wenig Lust, die fischigen Nervenverbindungen zurück in das Oberstübchen der Barbe zu verfrachten, selbst wenn ihm das noch möglich gewesen wäre.

Und bei diesen Temperaturen konnte es sicherlich nicht mehr lange dauern, bis er selbst erfror und sich als Versuchsobjekt auf den Tisch legen konnte, damit ein anderer vor Kälte bibbernder Wissenschaftler ihn auseinandernahm. Es musste wärmer hier drin werden. Er wischte sich das Blut von der linken Hand, putzte den rauen Tisch ab und ging zum Kamin hinüber. Er machte Feuer und starrte einen Moment hinein, bis die ersten Scheite unter der Hitze zu knacken begannen. Georg besann sich einen Moment lang. Na, gut, ein neuer Versuch also, er musste retten, was zu retten war, dieser Fisch mochte widerspenstig sein, aber das würde er so nicht stehen lassen. Als die ersten Flammen die Scheite hinauf leckten, warf er den Span in die aufkeimende Glut und ging zurück zum Seziertisch.

Georgs Gedanken schienen den Fisch nicht sonderlich zu bewegen. Auch als Georg sich ihm nun wieder zuwandte, glotzte er noch immer mit derselben Ignoranz von seinem Platz in die Tiefe des Raumes, wie er es den ganzen Morgen getan hatte. Mit zerspaltenem Schädel lag er dort und besah sich den frierenden Wissenschaftler Büchner von allen Seiten. Fisch müsste man sein, dachte Georg. Ein Fisch fand im Schwimmen seine Beschäftigung, er musste keine Doktorarbeiten schreiben und vor allem fror er nicht, das waren doch alles hervorragende Gründe. Wie das wohl sein mochte? Georg und der Fisch sahen sich an, der eine angestrengt nachdenkend, der andere ohne eine Regung seinen Gegenüber fixierend. Der Eine kratzte sich schließlich am Kinn, wozu der Andere keine Notwendigkeit sah.

Respektlosigkeit. Träge, steif, uninteressiert, das war er. Georg fühlte sich an zu Hause erinnert; sein Vater wäre ein guter Fisch gewesen.

Vielleicht lag ja nun darin das Geheimnis. Was kümmerten einen die Probleme der anderen, solange man doch selbst über allem thronen konnte? Die Augen konnte man wohl öffnen, um den Schein zu wahren, aber sehen musste man ja nichts. Wenn man nur immer alles ansah und stehen ließ, dann musste man zwangsläufig erhaben wirken, über den Dingen stehend, egal, was um einen herum geschah. Ebenso flackerte jetzt der Widerschein der ersten kleinen zuckenden Flammen in den großen Augen der Barbe, denn sie waren nur ein Spiegel, etwas Abhängiges, vollkommen unfähig, selbst etwas zu bewegen. Das Feuer hätte ebenso gut ohne diese Reflexion brennen können. Warum diese ganzen Umtriebe, das ewige Beschweren, das Leid, gegen etwas anzurennen, wenn doch alle immer nur glotzten? Da konnte man ebenso so schön wohl einmal selber glotzen, fand Georg, schob seine Instrumente beiseite und legte sich neben die Barbe bäuchlings auf den Tisch.

Eine Weile passierte nichts. Georg und der Fisch, die – aus unterschiedlichen Gründen – ihre jeweiligen Gedanken nicht ganz beisammenhatten, lagen, dem Kamin zugewandt, nebeneinander auf dem Tisch und keiner hielt es für nötig, sich nun unbedingt unterhalten zu müssen. Beide sahen in die Flammen, die sich nun zu einem prächtigen Kaminfeuer entwickelt hatten. Es loderte und knackte manchmal im trockenen Holz, ab und zu ein kleiner Funkenflug und Georg merkte, wie sich nun allmählich eine wohltuende Wärme um den Kamin herum ausbreitete.

Auch das nahm der Fisch kommentarlos hin. Reglos lag er dort – anders als sein Nachbar, der seine noch immer frierenden Hände aneinander rieb und gegen das Feuer streckte. Ein Grund dafür mochte sein, dass der Fisch ja gar keine Arme besaß. Georg wandte sich zur Seite, um seinen Nachbarn anzusehen. Das Maul der Barbe stand offen, die glasigen Augen schienen jeden Kontakt mit Georgs Blick abzulehnen. Aber war das Stolz? Der eingebildete alte Stolz der eingebildeten alten Männer, nichts mit anderen zu tun haben zu müssen? Oder lag noch etwas anderes darin?

Nein, es war eine Fassade, ein Manöver, dass diese Starre vorzutäuschen versuchte. Etwas Verschrecktes, Unruhiges war es, das der, von dem dieser Blick ausging, verbergen wollte. Angst. Machtlosigkeit. Vielleicht ging es gar nicht darum, nichts sehen zu wollen, sondern vielmehr darum, nicht gesehen zu werden. Einen Schutzschild um sich selbst zu bauen, um sich unauffällig zu machen. Unsichtbar. Damit keiner dahinter kam, was eigentlich in der Hülle steckte, was an einem zerrte und zerfraß, die äußere Unterdrückung, die innere Zerrissenheit. Man machte sich unscheinbar, um nicht schwach zu sein, sich nicht zu verbrennen. Wer nicht wahrgenommen wurde, machte sich auch nicht zum Opfer, bot kein Ziel, und egal, wie böse die Welt auch zuschlagen mochte, man lebte doch ohne diese Welt und das Feuer konnte einem nichts anhaben.

Er sah noch immer zu dem Fisch neben ihm hinüber. Im

Angesicht der Verzweiflung und Ohnmacht musste er an den armen Lenz denken: So hatte Georg auch ihn kennengelernt und – vor Kurzem – dessen Leid zu begreifen versucht. Auch hier fand es sich wohl wieder, erstarrt und im eigenen Dasein ein Gefangener, ohne Ausweg und mit der einzigen Aussicht, dass alles möglichst schnell vorbeigehen möge. Der Fisch war genauso alleine, wie Lenz es war, und – wenn er darüber nachdachte – auch Georgs Vater selbst musste wohl so alleine mit sich selbst gewesen sein. Hilflos, nur um das eine Talent reicher, seine innere Furcht vor Verletzung besser nach außen tragen zu können und so zu überdecken.

Georg setzte sich auf. Sein Gesicht glühte vom langen Betrachten der Flammen. Er hatte Mitleid mit dem Fisch. Im Schneidersitz sah er von seiner Tischplatte aus grübelnd in die Ferne. Dann stand Georg vom Tisch auf, beugte sich vor, stützte die Hände auf die Knie und folgte für einige Momente dem Blick der Barbe in den Kamin. Als er den Kopf jedoch drehte und wieder in Richtung Tisch sah, erschrak er.

Das Gesicht der Barbe war nun ganz nah an seinem, und was eben noch wie Schrecken ausgesehen hatte, schien nun mit einem Mal zu einer Fratze verzerrt zu sein, zu einem bleichen Gesicht im Feuerschein, die Augen aus dem leeren Schädel hervorstechend und auf Georg gerichtet, beschuldigend, anklagend. Die Flammen, die gerade noch kümmerlich in den riesigen Augen erschienen waren, flackerten nun grell und warfen lodernd den Lichtschein in den Raum zurück.

Das war es. Es war mehr als nur Ignoranz, es war mehr als nur Angst. Und natürlich hätte das Feuer auch ebenso ohne eine von beiden gebrannt; aber was war eine Feuersbrunst, eine Tat, ein Verbrechen, wenn keiner dabei war? Es war ohne Eindruck. Für sich selbst war es nichts wert. Wenn aber alle dabei standen, es angafften und wiedergaben, wenn sie glotzten, wie alles geschah, wie das Feuer wütete und niemand etwas tun konnte, starr vor Schreck, vor Angst, vor Überlebenswille, Egoismus, Furcht, wenn es fraß und wütete, dann applaudierten sie alle diesem Despoten im Stillen, wenn die Furcht tausendfach zu spüren war und das Einzige, was geschah, doch nur noch mehr Hoffen und Bangen war. Das war die Macht. So nieder sie auch sein mochte: Die Gabe, die selbst auferlegte Folter der Menschen zu entfesseln, war die grausamste Waffe eines jeden Unterdrückers.

Es war nicht sein Tag. Und es war nicht sein Fisch. Langsam richtete Georg sich auf. Die Revolution, dachte er. Ohne sie ist der Mensch doch auch nur ein kaltes, totes, hirnloses Tier. Noch einen Moment starrte er aus dem Fenster in das trübe Sonnenlicht. Dann nahm er seine Unterlagen und verließ den Saal, ohne noch einen Blick zurückzuwerfen, während die letzten Flammen des Feuers erstarben und – außer dem Fisch – nichts zurückblieb.

Der Sandkasten

Sven Eschlbeck

Ich begebe mich in den Palast. Er ist unendlich groß. Prunkvoll. Farbenprächtig präsentiert sich seine architektonische Vollkommenheit. Ich vernehme die unterschiedlichsten Geräusche. Aus allen Richtungen. Schwer einzuschätzen. Die irdischen Richtungen gibt es hier nicht. Hier ist alles irgendwie mehrdimensional. Geschwindigkeiten, Zeiten, Geschichte – all diese Faktoren werden hier beliebig kombiniert. Sie folgen keinem festen, keinem logischen Gefüge. Ob der Zufall dahinter steckt? Wer weiß das schon ... Aber es steht fest, dass ich mich in einem universellen Palast befinde. Er ist neuartig. Bedrohlich. Und doch eine Faszination, die ich nicht begreife. Nichts ist an erkennbare Gesetzmäßigkeiten Faktoren gebunden. Ich realisiere eine Unabhängigkeit.

Noch stehe ich im Foyer des Palasts. Kronleuchter aus purem Gold erhellen den riesigen Raum. Teppiche aus feinstem Material bedecken den kalten Marmorboden. Erst jetzt bemerke ich den moderigen Geruch, der in der Luft liegt. Auch die Luft ist kalt. Ich setze einen Schritt nach vorn und stehe mit dem rechten Bein auf einem handgefertigten Teppich. Zögernd bewege ich mich weiter, dann halte ich einen kurzen Moment inne. Mehrmals drehe ich mich im Kreis und meine Augen suchen den Raum ab. Die Wände ragen gen Himmel. Sie scheinen unermesslich hoch zu sein. Der Raum ist zudem rund.

Ich nähere mich der Wand. Plötzlich dreht sich alles immer schneller. Ich taumele einige Schritte nach rechts und falle schließlich auf den Boden. Der Teppiche zum Dank falle ich weich. Benommen erhebe ich mich. Verwundert blicke ich die Stelle an, bei deren Betreten die Beben begonnen haben. Ich versuche es an einer anderen Stelle erneut. Es scheint ja gleichgültig zu sein, wo ich die Wand zu erreichen gedenke, da der Raum eine verblüffende Gleichgültigkeit ausstrahlt. Er ist farblos. Formlos. Kalt. Er scheint von ewiger Dauer zu zeugen. Es gibt keine Türen. Er ist rund. Endlos. Es bereitet mir durchaus Freude, diese fremden Dinge zu erkunden. Dieser Raum scheint keinem Zweck zu dienen. Er existiert einfach. Der Existenz halber. Also gut. Meine Neugier lässt mich eine neue Motivation verspüren. Ich fasse eine gegenüberliegende Wandstelle ins Auge. Langsam schreite ich auf sie zu. Blickkontakt. Ich komme näher. Fast kann ich sie berühren. Ich strecke meinen Arm aus. Plötzlich beginnt wieder alles sich zu verformen. Ich falle. Unverletzt stehe ich auf. Zornig blicke ich auf die Umrandung. Dann renne ich nochmals auf die Wand zu. Schneller. Kräftiger. Mit enormer Kraft renne ich gegen die Wand und falle um. Einen Augenblick lang bin ich einfach nur erschrocken, danach glaube ich die plötzlichen Schmerzen kaum aushalten zu können, doch dann lassen sie ganz schnell nach und sind kaum noch wahrnehmbar. Ich bleibe liegen. Dann raffe ich meinen Körper auf. Ich habe genug von diesem Raum, betrete den nächsten und bin bereits am Ende meiner Geduld angelangt. Ohne zu überlegen, drehe ich mich um und frage mich im nächsten Augenblick, wie ich überhaupt hier hereingekommen bin. Nirgendwo eine Türöffnung. Alles sieht gleichförmig aus, überall dieselbe Wand. Panik macht sich in meinem Körper breit. Ich schreie. Dann beginne ich zu weinen. Mein Körper ist gefangen. Er ist machtlos gegen die Gewalt dieses Palastes. Ich lege mich in die Mitte des Raumes auf einen großen, runden Teppich und beginne zu schlafen. Ich schlafe ein. Ich träume. Und das erste Mal denke ich über die Geschehnisse nach.

Nach einer Weile wird der Raum in gleißend helles Licht getaucht. Das Licht scheint von oben zu kommen. Es erfasst jeden Fleck des runden Foyers. Ungewiss, ob ich mich im Traum oder der Realität befinde, stehe ich auf. Einen Moment lang bleibe ich wie angewurzelt stehen. Dann beginne ich, den Raum erneut zu erkunden. Doch nun behutsamer. Langsamer. Ich mache einen Schritt auf die Wand zu und erschrecke. Schnell trete ich einen Schritt zurück und begebe mich auf meine anfängliche Position. Doch nun packt mich endgültig der Drang, diesen Raum zu begreifen. Ich laufe parallel zur Wand im Kreis. Immer näher und näher komme ich ihr hierbei. Ich stelle etwas Erstaunliches fest. Je näher ich der Wand komme, desto lebendiger wird der Raum. Ich begreife zunächst seine Funktion nicht. Als ich auf einige Meter herankomme, beginnt die Wand sich zu färben. Dort. Ich sehe es deutlich. Ein kleiner brauner Fleck. Ich komme näher und er weitet sich aus. Langsam finde ich Gefallen an diesem Raum. Ich beginne zu rennen. Schlagartig wandelt sich die Wand von der sterilen und weißen Projektionsfläche in ein Farbenspektakel. Grüne, blaue, gelbe und braune Flächen. Die Farben schießen nur so durch die Adern der Wand und faszinieren meine Augen. Es entsteht eine atemberaubende Vielfältigkeit.

Ich trete noch näher heran. Allmählich verstehe ich das Prinzip der Entwicklung. Stets werden weitere Details auf der nunmehr wie eine Landkarte wirkenden Projektionsfläche sichtbar. Flüsse, Städte, Berge. Ich erschrecke. Was ich dort sehe, ist nichts anderes als mein Heimatplanet. Die Erde. Wie im Zeitraffer scheint sie sich zu entwickeln. Und ich, ich befinde mich im Mittelpunkt dieser Entwicklung. Rasend schnell verändern sich die Strukturen dieses Planeten. Ich erkenne Kontinente, Weltmeere und Pole. Überwältigt von der beeindruckenden Wucht und dem einmaligen Spektakel des Wunders Leben setze ich mich wieder in die Mitte des Raumes und beobachte die Entwicklungen. Ich spüre, wie ich jegliches Gefühl für Ort und Zeit verliere.

Ich sitze nun schon eine ganze Weile hier und betrachte diese Welt. In welcher Zeit ich mich wohl befinde? Ob dort unten gerade Dinosaurier grasen? Oder die Römer die Welt erobern? Ich werde es nie erfahren. Ein kühler Schauer fährt mir den Rücken hinunter. Ich schaue nach unten und schreie auf. Ich sehe keinen Körper. Keinen Menschen. Es ist diese eine Frage, die mein Leben prägt und mich immer begleiten wird: Wer bin ich und wo komme ich her? Ich will Gewissheit. Ehrlichkeit. Wissen. Das ist es, wonach ich strebe. Ich suche einen tieferen Sinn, der die bloße Existenz überschreitet und den wissenschaftlichen Rahmen sprengt.

Ich lege meinen Kopf in den Nacken und schaue nach oben.

Dort, wo sich vorhin noch eine Decke in schwindelerregender Höhe befand, sehe ich nun einen Nachthimmel. Abertausende von Sternen prägen dieses endlose Nichts. Wieder wird mir meine Frage präsent. Mir widerfuhr bereits die Vielfalt der Erde und trotzdem bin ich noch durstig. Ich gebe mich nicht zufrieden. Es scheint mir einen komplexeren Zusammenhang zu geben. Ob ich diesen je begreifen werde? Ich weiß es nicht. Aber ich will es versuchen. Ich drehe mich um und abermals werde ich überrascht. Im Zentrum des Raumes steht eine Leiter. Sie führt nach oben. Ihr Ende kann ich nicht wahrnehmen. Sie glänzt golden. Verlockend sieht sie aus. Ich bewege mich auf sie zu. Misstrauisch erklimme ich die beiden untersten Sprossen und springe zurück auf den Boden. Aber sie scheint stabil zu sein. Erneut klettere ich hinauf. Diesmal weiter. Viel weiter. Ich bin bereits so hoch, dass ich den Planeten vollständig verlassen habe. Ich halte einen Moment inne. Atme. Dann schaue ich nach oben und sehe eine Stelle, an der mehrere Türen in der Luft schwebend einen Kreis bilden. Als ich jenen erreiche, verliere ich keine Zeit. Ich gehe zu einer der Türen und betätige die Klinke. Sie lässt sich wider meine Erwartungen problemlos öffnen und ich trete hindurch. Ich befinde mich nun tatsächlich wieder in einem runden Gebilde. Doch mir fällt sofort auf, dass dieser Raum etwas Besonderes ist. Er wirkt verlangsamend. Das praktische Gegenteil zum ersten Raum dieses Palasts. Ich trete nun an die Wand heran und stelle fest, dass der Raum starr ist. Ruhig und doch emotionsgeladen thront er majestätisch über der Erde. Er symbolisiert etwas, das ich noch nicht vollständig erkenne.

Aus den Augenwinkeln sehe ich Bewegungen, ich höre Geräusche. Meine Neugier ist kaum noch zu bändigen. Ich betrachte die Wand genauer. Überall Gemälde, Gegenstände und Schriften. Als ich die Wand entlang gehe, spüre ich, wie mein Gehirn die Puzzleteile verarbeitet. Endlich kann ich den Sinn des Raumes entschlüsseln. Anfänglich begeistert und fortwährend leicht melancholisch merke ich, dass dieser Raum nichts Geringeres als die Erdgeschichte darstellt. Ich überfliege die Abschnitte der Wand, ehe ich zum Stadium Mensch ankomme. Aristoteles, Sokrates, Julius Caesar, Karl der Große, Adolf Hitler, Konrad Adenauer, Günther Grass. Alle sind sie dort aufgelistet. Schnell fällt mir auf, dass der Raum in enorm präziser Form die gesamte europäische Geschichte von Beginn an dokumentiert, kategorisiert und chronologisch anordnet. Lediglich am Ende des Raumes, wohlgemerkt bezeichnet das Ende hier die Vollendung des Kreises, befindet sich eine Lücke. Ich sehe, wie sie stets breiter wird. Passagen werden ausradiert und das facettenreiche Band der Geschichte bewegt sich unausweichlich rückwärts. Es nimmt Kurs auf Adolf Hitler und Stalin, auch die Französische Revolution wird ihm zum Opfer fallen. Was genau diese Unruhen bezwecken und wovon sie ausgehen, das kann ich nicht erkennen. Ich habe keinen Einfluss auf die Geschichte. Wie gelähmt stehe ich vor der unermesslich großen Wand, deren Panzerglas mich vom Geschehen isoliert wie einen Goldfisch im Aquarium.

Ich bin gespannt, wie es weitergeht. Eine weitere Leiter verbindet diesen Raum mit dem nächsten direkt über mir. Die beiden Räume sind eng miteinander verknüpft. Ich betrete einen weiteren der Räume, welche sich hinter den kreisförmig im All formierten Türen angeboten haben. Dieser Ort ist der groteskeste von allen. Beim Betreten höre ich Musik, ich rieche viele Dinge. Auch fühle ich die Vielfältigkeit des Raumes. Zweifelsohne muss dieser Raum die Kultur Europas symbolisieren. Hier fühle ich mich heimisch. Dieser Raum gibt mir Orientierung. Ich höre Stimmen in verschiedenen Sprachen. Düfte von leckeren Gerichten erreichen meine Nase. Verschiedenste Musikinstrumente schaffen einen zauberhaften Klang.

Allmählich werde ich müde. Aber zugleich spüre ich eine große innere Unruhe, die mich unwiderstehlich weitertreibt. Ich begebe mich in die Mitte des Raumes, wo ich realisiere, dass keine weitere Leiter aufwärtsführt. Irritiert klettere ich zurück in den Geschichtsraum. Auch dort renne ich hinaus. Ich stehe wieder im All. Im Nichts. Ich nehme eine andere Tür. Gespannt suche ich nach der nächsten Leiter. Als ich diesen neuen Raum betrete, merke ich sofort, dass dieser unterschiedlicher nicht sein könnte. Er vertritt den Kontinent Amerika. Ich sehe eine Skulptur George Washingtons. Die Unabhängigkeitserklärung hängt unantastbar in großer Höhe an der Wand, so, dass sie kaum noch zu entziffern ist. Ich renne weiter. Doch auch bei der amerikanischen Kultur findet sich keine Fortführung meines Weges. Schließlich, nachdem ich beim asiatischen Kontinent ebenso wenig Glück gehabt habe, sehe ich ein, dass es einen völlig anderen Weg geben muss. Einen, den ich nicht auf irgendeinem Kontinent dieser Erde finden kann.

Vielleicht bei Gott?

Doch wo soll dieser Gott denn eigentlich sein?

Ich mache mich auf den Rückweg. Als ich wieder unten, am Mittelpunkt der Erde, angekommen bin, da fällt mir meine Frage wieder ein und zum ersten Mal denke ich über Religion und Gott intensiv nach. Plötzlich dämmert mir, dass es doch verschiedene Religionen gibt und die Menschen diese und ihre Götter differenzieren. Es muss also eine Vielzahl an Räumen geben. Jeder dieser Räume prägt den Kulturraum unter ihm, welcher wiederum auf einer spezifischen Historie beruht. Auf einen Schlag wird mir ein gewaltiges Konfliktpotenzial bewusst. Ich realisiere sofort, dass sich Gott, wer immer er oder sie auch sein mag, zwischen all den Räumen befinden muss. Abermals erstürme ich die Leitern. Ich klettere in einem hohen Tempo. Als ich auf der höchsten Leiter des Kontinents Australien angekommen bin, erkenne ich, dass die Lokalität und Geschichte meiner individuellen Person ja überhaupt keine Rolle spielt. Ich stehe auf der Leiter, atme tief ein. Dann schließe ich die Augen und vertraue Gott. Mit einem gewaltigen Satz springe ich ab. Ich falle durchs All. Ich werde immer schneller. Mir wird schwindelig.

Als ich aufwache, liege ich wieder in einem Raum. Doch dieser Raum ist eckig. Es ist der schlichteste Raum von allen. Zitternd stelle ich mich auf. Ich drehe mich einige Male umher und bemerke, dass die Anzahl der Ecken unbegrenzt ist. Aus jeder Ecke tritt jetzt, mal zögernd, mal entschlossen oder gar aggressiv, ein Individuum. Alle Individuen, so unterschiedlich sie auch erscheinen mögen, versuchen in die Mitte des

Raumes zu gelangen. Ich sehe Drängler wie auch Schläger, Orientierungs- und Hilflose. Keiner scheint einen wirklichen Plan zu haben.

Ich beginne zu weinen. Ich begreife dieses enorme Schicksal, diese innere Logik des Lebens. Dieser Raum ist Sinnbild für so viele Probleme und Konflikte dieses Planeten. Ein Planet voller Ecken und Kanten. Als ich mich etwas beruhigt habe, gehe ich ganz einfach, ohne mich von den anderen beirren zu lassen, in die Mitte des Raumes. Dahin, wo kein anderer Mensch ist. Auch ich will mir ein Bild Gottes machen. Doch alles, was ich sehe, ist ein Sandkasten. Ein kleiner, aber feiner Sandkasten. Verschmitzt lächle ich.

Ob diese Menschen wohl wissen, dass sie sich um einen Sandkasten bekriegen?

Wolkenschloss

Teresas A. Niessing

Willkommen! Willkommen in meinem Wolkenschoss! Es liegt hier oben. Ganz entfernt. So unantastbar und unberührbar für sie alle. Für alle – für alle außer für mich. Hier liegt es. Können Sie seine Schemen erkennen? Das achtstöckige Hauptgebäude, flankiert von den schmalen hohen Türmen? Die untersten fünf Stockwerke besitzen keine Fenster, im sechsten sind sie schmal und von außen nicht zu erkennen, im siebten sind sie vergittert und aus den Fenstern im achten Stock dringt ein flackerndes Licht, mal schwach und kaum wahrnehmbar, mal lodernd und blendend. Die Türme schrauben sich stolz und majestätisch in die Höhe und doch scheint sie bei besonders starken Sturmböen ein leichtes Beben zu erschüttern. Auch sie haben keine Fenster, doch im hellen Licht erscheinen sie nicht weniger durchsichtig als Glas. Ob es möglich ist, sie zu zerstören? Sie enden in spitz zulaufenden Dächern, welche mit außergewöhnlich geformten Steinen gedeckt sind.

Und schließlich ist da das gewaltige Eingangsportal. Die eleganten Verzierungen. Gesichert mit sieben Schlössern. Ich allein besitze die sieben Schlüssel dafür. Sie heißen Amor, Temptatio, Odium, Furor, Luctus, Patronus und Fortuna. Ich trage sie in meinem Herzen und das bereits so lange, dass sie ein Teil davon geworden sind. Wie könnte sie also jemand anders erreichen? Man kann sie mir nicht mehr nehmen, und wenn ich sterbe, sterben sie mit mir, nicht wahr? Wenn ich mich ganz genau darauf konzentriere, ebnet sich vor meinem inneren Auge ein klarer Weg, welcher mir ermöglicht, all dies zu erreichen. Ich folge ihm. Es ist kein schwieriger Weg, wenn ich ihn erst einmal gefunden habe. Das fällt mir mal sehr leicht, mal erfordert es eine sehr hohe Konzentration meinerseits. Doch dann leitet er mich sicher und zuverlässig. Ich schließe die Augen und beginne, die Schlösser zu entriegeln. In beinahe surrealer Deutlichkeit höre ich meinen eigenen Herzschlag und spüre, wie das Leben durch meinen gesamten Körper pulsiert. Als sich mit einem Mal alles in mir zusammenzieht, weiß ich Bescheid: Es ist so weit.

Heißer Zorn ballt sich in mir und legt sich wie ein rötlicher Schleier über jeden klaren Gedanken. Worte erklingen mit der mir so wohl bekannten, harschen Stimme: „Sie hat es nicht anders verdient. Genauso wenig, wie du etwas Anderes verdient hast.“ Starke Hände packen mich und zerren mich zurück in das Zimmer. Ich bin so wehrlos. Meine gesammelte Kraft reicht nicht aus, um auch nur das Geringste zu bewirken. Meine Schreie hallen unbeantwortet durch den Flur, meine Tritte treffen nur auf Luft. Ich winde mich, schreie, weine, so hilflos. Ebenso hilflos wie die heißen Tränen der Wut, die über meine Wangen strömen, als sie mich packt und schüttelt, mich taub und blind macht, während meine geballten Fäuste mit aller Kraft gegen die verschlossene Tür hämmern.

Ich atme tief aus, und gemeinsam mit der unbewusst angehaltenen Luft merke ich, wie alle Wut, die meine Glieder verkrampft hat, mich verlässt, und entspanne mich für einen kurzen Moment. Ich höre, wie mein eigener Atem schwerer klingt. Doch ich weiß: Das erste Schloss ist nun entriegelt. Ohne dass ich mich nun weiter konzentrieren muss, erblicke ich das nächste vor mir, und eine Woge eisiger Kälte, beinahe wohltuend nach der eben empfundenen brennenden Wut, legt sich über mich:

Ich erkenne das Entsetzen in seinem Blick, als er in meine Richtung sieht, fast, als habe er gespürt, wie ich ihn anstarre, und verspüre einen Anflug bitterer Befriedigung. Doch alles andere überlagernd ist der Hass, der mein Herz auf erschreckende Art zusammenzieht. Ich sehe ihn an und weiß, damit hat er nicht gerechnet. So oft habe ich mir diesen Moment ausgemalt, in verschiedensten Versionen, so oft, dass er mir nun vollkommen unwirklich erscheint, wo ich ihn endlich erlebe. Meine zu Fäusten geballten Hände lösen sich aus ihrer Erstarrung, und als ich sie mit einem hasserfüllten Lächeln auf den Lippen ineinander verschränke, rinnt das noch warme Blut meine Unterarme hinab.

Ich schnappe nach Luft und merke, wie sich etwas in mir löst, als das zweite Schloss entriegelt wird. In diesem Moment erregt etwas vollkommen Anderes meine Aufmerksamkeit.

Ihr Blick wirkt vollkommen desorientiert und schwirrt suchend durch den Raum. Ich flüstere eine zärtliche, leise Begrüßung und sofort wendet sie sich mir zu und ihre Augen suchen die meinen. Die winzige Andeutung eines Lächelns stiehlt sich in ihr Gesicht und dieses Lächeln lässt mein Herz höherschlagen. Eine unglaubliche Wärme breitet sich in meinem Innern aus und ich spüre, wie sich ein sanftes Strahlen auf meinem Gesicht ausbreitet. So etwas Wunderschönes wie sie habe ich noch nie zuvor gesehen, und mir wird klar: Für sie würde ich absolut alles tun. Ich hebe die Hand, doch scheue mich, dieses winzige, zarte Wesen zu berühren. Als hätte sie mein Zögern bemerkt, schließt sich die winzige Faust in diesem Moment um meinen kleinen Finger und eine Welle der Zuneigung überkommt mich mit einer solchen Intensität, dass mir die Tränen in die Augen steigen. Meine Frau beobachtet mich mit einem erschöpften Lächeln. „Darf ich dir deine Tochter vorstellen?“

Dieses Mal ist der Atemzug, der das dritte Schloss lautlos öffnet, federleicht und scheint die Wärme, die mein Herz eben schneller hat schlagen lassen, nach außen zu tragen und dort zu bewahren, bevor auch dieses Gefühl verklingt und lediglich einen sanften Schatten an dem Platz in meinem Herzen zurücklässt, wo es eigentlich hingehört.

Vor meinem inneren Auge erscheint ein nur allzu bekannter Anblick. Meine eigene Haustür. Sie ist verschlossen und die Fenster des Hauses sind allesamt dunkel. Auf der Fußmatte mit der kitschigen Sonne, welche jedermann strahlend willkommen heißt, liegt ein schlichter, weißer Briefumschlag. Mit einem Mal beginnt mein Herz zu rasen und ich realisiere wie durch einen Nebel den Aufprall der Aktentasche, die meinen Händen wohl entglitten ist, auf den Stufen, und ohne auch nur eine Sekunde zu zögern, weiß ich mit absoluter Sicherheit, was sich in diesem Brief befindet. Doch viel schlimmer ist das Wissen, was geschieht, wenn ich ihn öffne. Das darf ich nicht. Ich zittere am ganzen Körper, als ich mich langsam bücke, um den Umschlag aufzuheben. Kein Absender. Meine Finger beginnen wie von selbst, sich an der Lasche zu schaffen zu machen. Nein! Reiß dich zusammen, verdammt! Hast du vergessen, was auf dem Spiel steht? Ich fixiere mich auf diesen Gedanken und beiße mir kräftig auf die Unterlippe, in einem verzweifelten letzten Versuch, mich wieder zur Besinnung zu rufen. Wenn ich ihn öffne, ist es vorbei. Ich werde alles verlieren und doch ... Ich kann kaum widerstehen und eine lange vergessene Sehnsucht erwacht wieder in mir und scheint sich meines gesamten Bewusstseins zu bemächtigen.

Ich seufze erleichtert, als die Schauer aufhören, mir eisig über den Rücken zu jagen, und das brennende, unzähmbare Verlangen, das in mir wütet, mich endlich wieder verlässt. Das vierte Schloss ist entsichert und ich kann bereits einen kurzen Blick zwischen die Türflügel werfen, welche sich einen Spaltbreit geöffnet haben. Wie erwartet, ist das Licht, das heute hinausdringt, eher kühl und auch ein wenig unangenehm. Heute ist wirklich kein guter Tag. Ganz und gar nicht gut. Doch bevor ich mir weitere Gedanken darüber machen kann, bricht eine erneute Bilderflut über mich herein und lässt mich so abrupt nach Luft schnappen, dass es beinahe an ein Schluchzen erinnert.

Es ist alles so leer in mir. Es fühlt sich an, als befinde sich mein Verstand in einer Seifenblase, schwebend, als blicke er auf meinen Körper und all die Emotionen herab, nur zu gut wissend, was er jetzt gerade empfinden müsste, und doch unfähig, sie zu erreichen. Das Brennen meiner Augen scheint der einzige Beweis, dass ich noch lebe und zu irgendeiner Art von Gefühlsausdrücken fähig bin. Doch das Weinen ist vorbei. Es hört irgendwann von alleine auf. Das ist nicht etwa ein Zeichen dafür, dass etwas überwunden ist, sondern viel mehr dafür, dass es ein Zustand ist, der auf eine bittere Art den Status einer bestimmten Gewohnheit erreicht hat. Ich realisiere den leichten Druck auf meiner Schulter, benötige jedoch noch ein paar Sekunden, um zu begreifen, dass es sich um eine Hand handelt, und noch ein paar weitere, um zu verstehen, dass besagte Hand zu einer Person gehört, die sanft auf mich einredet. Ich versuche kurz, das dumpfe Pochen aus meinen Gedanken zu vertreiben, welches in den letzten Tagen und Nächten so allgegenwärtig geworden ist, um wenigstens ein paar der nett gemeinten Worte aufzunehmen, um dafür danken zu können, wie sie alle es von mir erwarten. Doch nachdem ich die ersten paar Floskeln wie „... nicht deine Schuld ... unser unendliches Beileid ... wenn wir irgendetwas für dich tun können ... ich kann mir gar nicht vorstellen, wie das für dich sein muss ..., du musst jetzt stark bleiben ..." in dem unaufhörlichen Sprachfluss erkannt habe, dann ist alles wieder verschwommen. Ich stehe hier vollkommen alleine zwischen all diesen Menschen. Und alles, was ich vor mir sehe, ist ein Grab. Ein noch frisches Grab, ein unverwitterter Grabstein ohne Moos und Flechten und dunkle, schmucklose Erde. Es ist ihr Grab. Doch ich weiß, ein Teil von mir liegt dort ebenfalls auf ewig begraben.

Das Brennen meiner Augen lässt nicht nach, und auch mein Körper verharrt noch in seiner eigenartigen Erstarrung, als ich zitternd nach Luft ringe. Erst als mein Atem sich wieder beruhigt hat, scheine ich zu realisieren, dass es nun vorbei ist. Fünf Schlösser ... Es ist bald geschafft.

Sie hakt sich bei mir unter und lächelt mich erneut vergnügt an. „Bereit?“, fragt sie mit vor Aufregung leuchtenden Augen und ich erwidere ihr Lächeln voller Zuversicht. „Wenn du bei mir bist, bin ich immer bereit“, erwidere ich sanft und wir bewegen uns langsam, doch zielstrebig auf die Bühne zu. Ich spüre mit einem Kribbeln in meinem Nacken die Blicke aller Anwesenden auf mir ruhen, ein Zustand, in dem ich unter normalen Umständen wahnsinnig geworden wäre, doch jetzt kann ich die mich ergreifende Euphorie kaum fassen. Als wir auf der Bühne stehen und auf die versammelten Menschen hinabsehen, lassen wir unsere Blicke über die vielen bekannten Gesichter schweifen, bis wir schließlich wieder uns ansehen.

Ich seufze leise, und noch während ich merke, wie das vorletzte Schloss sich öffnet, sehe ich nahezu übergangslos etwas Anderes vor mir.

Ich blinzle mehrmals gegen die hellen Sonnenstrahlen, die durch das dichte Blattwerk dringen, doch dann schließe ich die Augen einfach wieder. Wilde Schatten tanzen vor meinen geschlossenen Lidern und das Gras kitzelt an meinen nackten Armen und Beinen. Eine kurze sanfte Berührung, so zart, dass ich mir einen Moment lang nicht einmal sicher bin, dass sie real ist, und doch genügt sie, um mir ein leises Lachen zu entlocken.

Ein seltsamer Friede bemächtigt sich meiner und ich erwarte gelassen, wie er sich langsam in mir ausbreitet und mir das

Gefühl gibt, unendlich leicht zu sein. Leicht und unbefangen genug, dass ich mich hier überall ohne die geringsten Einschränkungen bewegen kann. Es ist dieser innere Friede, der mich zu dem absoluten Herrscher meines ganz privaten Königreiches macht. Seine unverklärte, klare Sicht, die mir erlaubt, zu erkennen, was mir sonst verwehrt bleibt. Die schweren Torflügel stehen nun weit genug offen, um sie zu passieren, doch die Erfahrung hat mich gelehrt, dass es noch nicht so weit ist. Eine gewisse Macht hält mich noch zurück, und ich erblicke bei näherem Hinsehen die entsicherten Schlösser, die sich jedoch noch immer an ihrem Platz befinden. Es ist wie eine nachträgliche Bestätigung, dass sie wirklich bereit sind, abgegeben zu werden, dass ich dazu bereit bin. Ich lächle, denn ich weiß, ich bin bereit und rufe sie bei den Namen ihrer Schlüssel in der Reihenfolge, in der sie mir heute erschienen sind. Meine Stimme klingt machtvoll und ihr Echo hallt mehrfach in die schiere Unendlichkeit hinaus.

„Furor..." Ein gleißend helles Aufflackern ... „Odium!" ... verschluckt von einem kalten, dunklen Feuer ... „Amor!"..., das von einem sanften, erfüllenden Licht mit einem Schlag vertrieben wird, das ... „Temptatio!"... sich fast unmerklich verändert und gefährlich heiß wird, doch nur, bis ... „Luctus!"... ein farbloser und dennoch alles verhüllender Schleier sich über die gesamte Szenerie legt, welcher ... „Patronus!"... von einem blendend hellen Aufleuchten unterbrochen wird, das jedoch ... „Fortuna!"... in einem sanften, goldenen Schimmer endet und schließlich ganz erlischt.

Gefasst und ruhig setze ich den ersten Schritt hinein, und sofort verspüre ich die Sicherheit, die mich sanft willkommen heißt und mir leise zuflüstert, dass ich hier unerreichbar bin, abgeschirmt und behütet vor der ganzen Welt. Ich befinde mich nun in einer großen Eingangshalle, aus der acht Türen hinausführen, jeweils vier an den beiden langen Seitenwänden, und am gegenüberliegenden Kopfende der Halle befindet sich eine große Haupttreppe, auf die ich jetzt zusteuere.

Durch die einzelnen Türen könnte ich nun direkt in die jeweiligen Stockwerke gelangen, in das hinter jeder Tür anders angeordnete Labyrinth, voller Erinnerungen, Gedanken, Emotionen und Geheimnisse, doch das brauche ich jetzt nicht, nicht, wenn ich nichts Bestimmtes suche. Mich hat heute ein vollkommen anderer Grund hierhergeführt, und ausnahmsweise werde ich die benötigte Antwort in keinem der Gänge finden können. Vor der großen Treppe bleibe ich stehen und hole tief Luft, bevor ich beginne, sie hinaufzusteigen, obwohl dies eigentlich nicht einmal nötig gewesen wäre, denn es kostet mich nicht die geringste Anstrengung. Alles, was mich anstrengen oder aufhalten könnte, habe ich an der Tür zurückgelassen, und so scheine ich beinahe hinaufzufliegen. Vorbei an dem ersten Stock, in dem alles so unfassbar akribisch geordnet ist, nicht nur vollkommen chronologisch, sondern auch nach sämtlichen Verbindungen und Themenbereichen. Hier befindet sich mein gesammeltes Wissen, alles, was ich gelernt habe, von geschichtlichen Daten über mathematische Formeln bis hin zu den letzten sechs Generationen meines Familienstammbaums. Ebenfalls vorbei am zweiten Stock, in dem es etwas weniger ordentlich scheint, doch hier bewege ich mich mit schlafwandlerischer Sicherheit, denn hier habe ich Zugang zu allen Fähigkeiten, so scheinbar Banales wie Laufen und Sprechen, aber auch das Entschlüsseln gewisser Computer-Codes und Geheimschriften, das ich mir in den letzten Jahren angeeignet habe. Egal, wo ich bin, ich kann mit ein wenig Konzentration alles davon abrufen, ich muss nur eine Tür, manchmal sogar nur eine kleine Schublade öffnen, und schon kann ich mich wieder an sämtliche Lektionen erinnern, die ich jemals hatte, ob im Kampfsport oder Klavierspielen, alles ist es noch da, manches mehr, manches weniger verborgen. Auch der dritte Stock, den ich so schnell wie möglich passiere, um meine emotionsfreie Sicherheit zu wahren, ist mir sehr gut bekannt. Mein Gewissen. Die Scham, weil ich als kleiner Junge meine Mutter bezüglich einer Schulnote belogen hatte, aber auch die Reinheit meines Gewissens, als ich dafür kämpfte, einer ungerechtfertigten Verurteilung zu entgehen. Trotz meiner Eile verspüre ich sofort einen leichten Sog, der mich versucht zu halten, ein Hinweis, dass ich nun anders handeln sollte, als ich es vorhabe. Doch er lässt mich los, sobald ich den vierten Stock erreiche. Jede meiner Beziehungen hat hier ihren eigenen Platz. Da sind die wenigen Menschen, die ich in meinem Herzen trage oder trug, Menschen, die ich nie gut genug kannte, um ihre Beziehung zu mir genauer zu definieren, Leute, die ich mir oder die sich mich zu Feinden gemacht haben, lockere Bekanntschaften, Kollegen, alte Freunde, ehemalige Beziehungen oder Affären, Lehrer, jede einzelne Person verbunden mit Schlüsselerlebnissen, Bildern und Erinnerungen.

Der fünfte Stock ist der mit dem kompliziertesten Labyrinth. Während ich mich überall sonst an Regalen, Gängen, Fächern und einer gewissen Chronologie orientieren kann, ist hier weder ein System noch eine Ordnung, in der ich mich zurechtfinden könnte. Hier hat mein Unterbewusstsein all meine Träume verlagert, solche, die mir entglitten, bevor ich aufwachte, solche, die mich nächtelang plagten, und solche, die für mein ganzes Leben bedeutende Eindrücke hinterließen, ob positiv oder negativ. Sie alle sind hier irgendwo verborgen, doch es ist mir bis heute noch nicht gelungen zu durchblicken, wonach sie sortiert sind. Doch vielleicht sind sie das auch gar nicht, weil es nicht von Nöten ist, denn als Traum hatte jeder Einzelne bereits seine Bestimmung erfüllt zu überarbeiten und den gewünschten Effekt bereits herbeigeführt, ohne dass ich von seinem Einfluss darauf wusste. Ich verweile einen kurzen Moment und wende mich dann ab, um den grellen Farben und verwirrenden Mustern zu entgehen, welche ich vom Hauptflur aus erahnen kann.

Nun werde ich jedoch langsamer, denn mir wird bewusst, dass ich nun den Ort erreiche, an den ich eigentlich wollte: den siebenten Stock. Warum ich heute das Bedürfnis hatte, alle anderen Stockwerke ebenfalls zu durchqueren, kann ich mir nicht beantworten. Vielleicht wollte ich mich vergewissern, dass alles beim Alten ist, denn ich habe eine längere Zeit nicht gewagt, hierher zu kommen. Doch nun bin ich da, wo ich hinwollte. Oder musste. Vermutlich ein wenig von beidem. Denn ich habe den Ort erreicht, an dem alle meiner Erinnerungen gespeichert sind. Ich verlasse den Hauptflur und begebe mich in das tiefere Innere des Stockwerks. Ich stehe in einem unglaublich weiten Raum mit einer dunklen, hohen Decke. An den Wänden befinden sich Regale, die bis ganz nach oben reichen, gefüllt mit Tausenden und Abertausenden kleiner Kästchen. Was jedoch nicht auf den ersten Blick erkannt werden kann, ist, dass jedes dieser Kästchen eine meiner Erinnerungen beherbergt. Manchmal verbringe ich Stunde um Stunde damit, sie zu durchstöbern, und entdecke so viele wundervolle Dinge, zu denen mein Bewusstsein schon lange keinen Zugang mehr hat. Doch Zeit habe ich nun leider keine. Zielstrebig steuere ich auf das einzige Regal im Raum zu, das nicht vollkommen gefüllt ist. Glücklicherweise. Ich ergreife mit bebenden Händen ein kleines Kästchen, so unscheinbar wie alle anderen. Hätte ich die zuvor empfundenen Gefühle, die in meiner Seele wüteten, nicht abgelegt, hätte ich es vermutlich niemals über mich gebracht hineinzusehen. Doch dann ist mit einem Mal alles wieder da. Der 17. Juni dieses Jahres. Ich erblicke es und kann es nicht fassen, was ich sehe, und mit dem Entsetzten, das mich packt, spüre ich, wie um mich herum alles zu zerfallen beginnt. Was habe ich getan? Ein grauenhaftes Kreischen zerreißt die Stille, das Bersten von Holz, das Aufeinanderschaben von Metall auf Stein, das Zerreißen von Stoff und Leinen und ich werde mit einem heftigen Ruck in die Luft gerissen. Für einen winzigen Augenblick nehme ich das Glimmern wahr, dass mich nach dem Begehen der nächsten Treppe erwartet hätte.

Was sich in dem obersten Stockwerk befindet? Nun, das bleibt mein kleines Geheimnis. Denn dort befindet sich mein innigster Herzenswunsch. Sicher und geborgen liegt er dort und nur zu seltensten Gelegenheiten erlaube ich mir einen kurzen Blick darauf, um ihn zu bewahren.

Doch nun reißt ein stechender Kopfschmerz mich endgültig zurück in die Realität. Was habe ich getan? Kalter Schweiß bildet sich in meinem Nacken, als das soeben Gesehene mehr und mehr in mein Bewusstsein dringt und es schließlich voll und ganz beherrscht. Ich blicke in stechende, klare graue Augen. Und spüre mit einem Stich in meinem Herzen, dass ich nun ein achtes Schloss dort würde anbringen müssen.

„Ich frage Sie jetzt ein letztes Mal", die dunkle, schneidende Stimme hat nun einen noch schärferen Unterton. „Worauf plädieren Sie?" Ich hebe den Kopf und blinzle kurz gegen das heftige Brennen in meinen Augen, als ich realisiere, dass mein Schicksal besiegelt ist. „Schuldig", würge ich heiser hervor, bevor ich mit einem krampfhaften Zucken nach vorne falle, und das Gift beginnt, seine Wirkung zu entfalten.

Der Beruf des Autors

Moritz Burghardt

Ich blicke mich in dem Raum um. Der Raum ist groß, sehr groß sogar. Gigantisch eigentlich. Erleuchtet wird er von riesigen Kronleuchtern, die von der Decke herabhängen. Der Boden ist bedeckt von Mosaiken, die verschiedenstes Schreibwerkzeug darstellen. Da ist alles vertreten von einem Meißel über einen Federkiel, einen Griffel, einen Pinsel, einen Bleistift und einen Füllfederhalter bis hin zum Kugelschreiber. Auch Kreide, Filzstifte, Buntstifte und, was ich nicht sofort erkenne, Fingerfarben sind vertreten. Natürlich dürfen auch Schreibmaschinen und Computer nicht fehlen. In der Mitte ist ein Kreis mit einer Sieben darin dargestellt.

Der Boden fasziniert mich. Noch mehr aber faszinieren mich die Wände des Raums. Das heißt, eigentlich ist es nur eine Wand, da der Raum rund ist. Es gibt unzählige Türen in verschiedenen Farben, Formen, Größen, verziert und schlicht, aus den unterschiedlichsten Materialien, mit Knäufen, Klinken, Klopfern oder glatt und an allen möglichen Stellen der Wand. Wo keine Tür ist, ist die Wand beschrieben. In jeder Sprache, jeder Schrift, mit Buchstaben, Schriftzeichen, Hieroglyphen und primitiven Zeichnungen. Ich weiß, dass überall das Gleiche steht, obwohl ich nur zwei oder drei der Schriftzüge lesen kann: „Die Halle des Schreibens“.

Ein recht passender Name.

Ich gehe zu einer der Türen, die sich vom Boden aus erreichen lassen. Es ist eine schmucklose, rechteckige Stahltür mit Klinke. Sie ist leicht zu öffnen und ich trete ohne zu zögern hindurch.

Ich stehe in einem kleinen, lediglich von einer Schreibtischlampe erleuchteten Raum. Ein krasses Gegenteil zur riesigen und hellen „Halle des Schreibens“. An dem Tisch sitzt ein älterer Mann und hackt wie besessen auf eine Schreibmaschine ein. Er scheint mich gar nicht bemerkt zu haben.

„Guten Tag“, sage ich freundlich.

„Guten Tag“, sagt er, ohne aufzublicken.

„Was machen Sie da?“, frage ich.

„Ich schreibe“, knurrt er.

„Das sehe ich. Aber warum schreiben Sie?“

„Es ist mein Beruf. Ich bin Autor.“

Das macht einen gewissen Sinn.

„Was schreiben Sie denn?“, frage ich weiter.

„Na, was man eben so schreibt. Texte, Sätze, Wörter, Buchstaben, Satzzeichen. Was für eine Frage!“

Diese Antwort ist nicht ganz zufriedenstellend. „Wovon handelt das, was Sie schreiben?“, präzisiere ich die Frage.

„Unwichtig. Hauptsache, ich schreibe“, meint der Mann. „Ich muss schreiben, weil es mein Beruf ist. In einem Beruf muss man arbeiten, also arbeite ich. Denn das ist es, was das Schreiben ausmacht. Es ist harte Arbeit. Man muss vorankommen, fertig werden, neu anfangen, wieder fertig werden, nicht aufhören, nicht müde werden, immer weiter arbeiten. Schreiben ist harte Arbeit.“

„Wie viele Texte haben Sie denn schon geschrieben?"

„Unwichtig. Habe nicht mitgezählt. Und jetzt Ruhe bitte. Ich muss schreiben. Ich muss arbeiten."

„Auf Wiedersehen", sage ich nach einer kurzen Pause und gehe aus dem Raum. Der Mann antwortet nicht mehr, also schließe ich die Tür wieder.

Zurück in der „Halle des Schreibens" blicke ich mich erneut um. Ob wohl hinter all diesen Türen ähnliche Dinge warten? Das ist schon ein ausgesprochen seltsamer Kerl gewesen. Ich gehe zu einer anderen Tür, diesmal eine aus dunklem Holz und mit schlichten, aber schönen Schnitzereien. Nur im Augenwinkel erkenne ich, dass sich an der Mitte der großen Halle etwas geändert hat, achte aber nicht wirklich darauf. Hier muss ich an einem Knauf drehen und auch diese Tür schwingt sachte auf.

Wie groß dieser Raum ist, kann ich nicht erkennen, da er nur von einer einzigen Kerze erhellt wird, vor der ein Mann auf einem Hocker sitzt. Die Tür fällt hinter mir zu und so bin ich in Schatten gehüllt, die außerhalb des kleinen Lichtkegels sind.

„Guten Tag", begrüße ich den Mann freundlich. Er dreht sich gedankenverloren zu mir um und starrt in die Dunkelheit.

„Guten Tag", wiederhole ich und trete etwas näher, damit er mich besser sieht. Dies reißt ihn nun endgültig aus seinen Gedanken.

„Guten Tag", antwortet er.

„Was machen Sie da?", erkundige ich mich.

„Ich denke."

„Und warum denken Sie?", frage ich weiter.

„Es ist mein Beruf. Ich bin Autor“, lautet die Antwort.

Schon wieder so einer, denke ich, erwidere aber laut: „Das ist ja interessant. Und worüber denken Sie nach?“

„Über Geschichten, Charaktere, Handlungen, Anfänge, Schlüsse, Höhepunkte, über Sätze und Kapitel, Beschreibungen und Reden. Worüber ein Autor eben so nachdenkt. Denn das ist ja schließlich mein Beruf“, mein er.

„Wissen Sie, ich kenne da jemanden, der ist ganz anderer Meinung“, entgegne ich und berichte von meiner vorangegangenen Begegnung mit einem Autoren.

„Oh nein, das ist ganz falsch“, widerspricht er mir vehement. „Ein Autor muss nachdenken, bevor er schreibt. Er muss alles ganz genau planen und über alles und jeden in seinem Text genau Bescheid wissen. Und er muss noch mehr wissen, er muss auch über den Text hinaus gedacht haben. Handelt der Text nur von einer Person, so muss der Autor über ihre Familie und Freunde und deren Familien und Freunde nachdenken, handelt der Text in einem Haus, so muss er über die ganze restliche Stadt nachdenken, handelt der Text an einem Tag, so muss er über das ganze Jahr davor und danach nachdenken. Erst dann kann der Autor schreiben.“

„Wie viele Texte haben Sie denn schon geschrieben?“, wage ich jetzt zu fragen.

Der Mann blickt mich wieder gedankenverloren an. „Noch keinen einzigen. Ich habe noch nicht genug nachgedacht.“ Damit dreht er sich wieder zur Kerze um und denkt weiter schweigend nach. Ich suche die Tür in dem schwachen Licht und befinde mich kurz darauf wieder in der „Halle des

Schreibens“.

So langsam kommt mir der Gedanke, ob nicht hinter jeder dieser Türen ein Autor sitzt. Um es herauszufinden, gibt es nur einen Weg. Ich muss weitere Türen öffnen. Also gehe ich zu einer kleinen, ovalen Tür aus blank poliertem Holz und ziehe sie an einem einfachen Türklopfer in Form eines Rings auf. Während ich dabei durch die Halle gehe, fällt mir auf, dass sich in dem Kreis in der Mitte nun eine Fünf befindet.

In diesem Raum ist es erneut dämmerig, wenn hier auch mehrere Kerzen brennen, sodass ich zumindest die Wände erkennen kann. Es ist allerdings auch mehr die Luft, die vom Geruch Dutzender Räucherstäbchen geschwängert ist und die Sinne benebelt. In der Mitte des Raumes sitzt eine Frau auf einem großen Kissen. Sie hat geschlossene Augen und es sieht ganz so aus, als meditiere sie.

„Guten Tag“, sage ich, obwohl ich kaum wage, sie zu unterbrechen.

Sie schlägt die Augen auf und sieht mich durchdringend an, bevor sie antwortet: „Guten Tag.“

„Was machen Sie da?“ möchte ich wissen.

„Ich warte“, entgegnet sie.

„So?“, meine ich überrascht. „Und warum warten Sie?“

„Es ist mein Beruf. Ich bin Autorin.“

Das habe ich ja schon befürchtet. „Und worauf warten Sie?“

Sie blickt mich einen Moment verständnislos an. „Worauf eine Autorin eben so warten muss. Auf Einfälle, auf Geschichten, auf Formulierungen, auf ein Wort oder ein ganzes Buch, auf Gefühle, auf etwas, das Begeisterung oder Mitgefühl oder

Hass oder Liebe oder Verachtung oder Glückseligkeit hervorruft, auf die Idee für den vollkommenen Text. Der Beruf der Autorin besteht aus Warten."

„Nun, das finden andere Autoren allerdings nicht." Damit erzähle ich Ihr von den anderen beiden.

Die Frau sieht mich entgeistert an, und als ich geendet habe, meint sie: „Nein, nein. Der erste liegt ganz falsch. Man kann doch nicht einfach so drauflos schreiben. Der zweite macht es schon etwas besser, aber man darf die Idee nicht durch Denken herbeizwingen, sondern muss auf sie warten, sonst werden die Texte unvollkommen."

„Wie viele Texte haben Sie denn schon geschrieben?" frage ich da.

Wieder blickt sie mich an. „Noch keinen einzigen. Aber ich werde weiter warten."

Sie schließt die Augen und lächelt. Danach scheine ich für sie nicht mehr zu existieren, deshalb drehe ich mich um und gehe zurück in die „Halle des Schreibens".

Mein Verdacht oder eher meine Befürchtung, dass sich hinter all diesen Türen Autoren und scheinbar auch Autorinnen befinden, erhärtet sich. Aber nichtsdestotrotz muss ich weiter Türen öffnen und sehen, was sich dahinter befindet. Deshalb drehe ich mich um, laufe ein ganzes Stück, wobei ich nur flüchtig die Vier in dem Kreis wahrnehme, zu einer großen Flügeltür aus Holz, in die Blattmuster eingeschnitzt sind, und öffne sie. Dies ist allerdings nicht ganz einfach, da sie knapp zwei Meter über dem Boden angebracht ist. Glücklicherweise besitzt sie keine Klinke oder Ähnliches, man muss sie bloß aufstoßen, und als ich nach einer kurzen Kletterpartie in den dahinter liegenden Raum komme, bin ich durchaus überrascht.

Dahinter liegt nämlich gar kein Raum, es sei denn, er wäre so groß, dass sich darin ein ganzer Wald mit dazugehörigem künstlichem Himmel befinden könnte. Von der Tür aus führt ein Weg in den Wald hinein. Es ist ein sehr schöner Wald mit vielen Laubbäumen in sattem Grün, nicht zu dicht und nicht zu licht. Auch der Weg ist schön und ordentlich, ein Pfad aus weichem Gras in der dunkelbraunen Erde des Waldbodens, und so folge ich ihm. Ich gehe einige Zeit und genieße die frische Luft und den Gesang der Vögel. Wie lange ich gehe, weiß ich nicht, da mich schon in der „Halle des Schreibens" jegliches Zeitgefühl verlassen hat. Jedenfalls treffe ich irgendwann auf einen jungen Mann, der fröhlich pfeifend vor mir auf dem Weg läuft.

„Guten Tag", begrüße ich ihn munter.

Überrascht dreht er sich um, er hat wohl nicht gedacht, hier noch einer anderen Menschenseele zu begegnen. Schnell kehrt jedoch ein Lächeln auf sein Gesicht zurück und er antwortet freundlich. „Guten Tag."

„Was machen Sie hier?"

„Ich suche Inspiration." Ja, bei einem Spaziergang in diesem Wald konnte man bestimmt einiges an Inspiration finden.

„Warum suchen Sie nach Inspiration?", erkundige ich mich.

„Es ist mein Beruf. Ich bin Autor."

Wie erwartet. „Und wozu lassen Sie sich inspirieren?"

„Zu allem. Die besten Geschichten, die ausgefeiltesten

Personen, die spektakulärsten Landschaften, die fantasievollsten Tiere, die aromatischsten Gerüche, bezauberndsten Anblicke und harmonischsten Klänge, den lebendigsten Wald oder die lebloseste Wüste, kurzum die gesamte Welt eines Textes denkt sich ein Autor zwar aus, aber dafür braucht er Inspiration."

„So? Meines Wissens nach sehen das nicht alle Ihre Kollegen so." Und auch ihm berichte ich von meinen bisherigen Gesprächen.

„Also der Erste macht das ja total falsch. Und der Zweite erkennt nicht, dass ein Mensch allein keinen guten Text zustande bringt. Dafür braucht man das Wohlwollen einer höheren Macht! Die Dritte hat das erkannt, aber sie meint, dass diese Macht sich zu ihr bequemen müsse. Man muss die Inspiration schon suchen und nicht nur darauf warten. Sonst schreibt man ja nie auch nur einen einzigen Text."

„Wie viele Texte haben Sie denn schon geschrieben?"

„Nun, ja", er wirkt etwas verlegen, als er genauer darüber nachdenkt, „ich muss gestehen, dass auch ich noch nie einen Text zu Papier gebracht habe. Aber wenn ich erst die richtige Inspiration gefunden habe, dann ..."

Den letzten Satz im Raum schweben lassend fängt er wieder an zu pfeifen und führt seinen Spaziergang fort. Mich hingegen reizt dieser Wald nicht mehr und ich gehe den Weg in die Richtung zurück, aus der ich gekommen bin. Bald sehe ich auch die Tür vor mir auftauchen und bleibe verwundert stehen.

Ich sehe nämlich tatsächlich nur die Tür und sonst nichts,

nicht einmal einen Rahmen. Ich kann nicht sagen, was ich zu sehen erwartet habe, denn ich habe nichts erwartet. Beim ersten Durchschreiten habe ich nur auf das, was vor mir lag, geachtet, nicht auf das in meinem Rücken. Man könnte meinen, ich müsse die Außenseite der „Halle des Schreibens“ erblicken, also wohl einen gigantischen, womöglich steinernen, palastartigen Bau, doch ich erblicke nichts. Lediglich eine Tür. Ich gehe noch einmal um sie herum, um mich zu vergewissern, dass es auch kein Trick mit Spiegeln oder Ähnlichem ist, und öffne sie dann.

Bevor ich herunterklettere, betrachte ich noch einmal die Mitte der Halle. Ganz eindeutig erkenne ich von hier aus nun eine Drei in dem Kreis.

Eine neue Tür erregt meine Aufmerksamkeit. Sie ist eine der wenigen aus Glas, allerdings abgedunkelt, sodass ich nicht hindurchsehen kann. Als ich die schlichte Metallklinke herunterdrücke, schwingt sie sacht nach innen auf.

Ich betrete eine Art modernen Büroraum. Hauptsächlich wird er von einem großen Schreibtisch ausgefüllt, auf dem sich ein Computer, jede Menge Papiere und alles, was man auf solchen Schreibtischen eben so vermutet, befinden. Interessanter ist jedoch die gegenüberliegende Wand. Sie besteht vollständig aus Glas und davor steht eine recht streng gekleidete Frau mit einem kleinen Notizbuch. Sie blickt die ganze Zeit hinaus, späht hin und wieder durch ein Fernglas und kritzelt etwas in das Buch.

Ganz auf ihre Arbeit fokussiert bemerkt sie nicht, wie ich durch den Raum gehe. Erst als ich direkt neben ihr stehe, sieht sie mich an, wenn auch eher verwirrt als überrascht.

„Guten Tag“, sage ich und versuche sie damit davon zu überzeugen, dass ich kein Geist bin.

„Guten Tag“, antwortet sie trocken, obwohl ich nicht sicher bin, dass ich Erfolg hatte.

„Was machen Sie da?“, frage ich, in der Hoffnung, sie nun endlich zu erreichen.

„Ich beobachte.“ Irgendetwas sagt mir, dass sie mich als menschliches Wesen erkannt hat. Oder zumindest als etwas, das es wert ist, ein Gespräch mit ihm zu führen.

„Warum beobachten Sie?“

„Es ist mein Beruf. Ich bin Autorin.“

Ich bin versucht, ihr das letzte Wort vorwegzunehmen, halte mich aber im letzten Augenblick zurück.

„Und was beobachten Sie?“

„Alles, was für eine Autorin wichtig ist: Menschen. Eine Geschichte lebt von den Menschen, von denen sie handelt. Eine Geschichte, die nicht von Menschen handelt, taugt sowieso nichts. Und wo sollte ich bessere und verschiedenere Menschen finden als hier, in der Realität? Sie haben jedes Aussehen, alle Angewohnheiten, Probleme, Schwächen und Stärken und sie legen jedes Verhalten, alle Gefühle und Reaktionen an den Tag, die sich eine Autorin nur ausdenken kann, und noch wesentlich mehr. Es gibt keine besseren Menschen als die realen.“

Während sie das erzählt, sehe auch ich aus dem Fenster und erkenne, dass wir uns im vielleicht vierten oder fünften Stock eines Hochhauses befinden und sich vor uns ein großer Platz ausbreitet. Wir müssen uns in einer Art Großstadt befinden und unten tummeln sich Hunderte Menschen. Ich frage mich, wie die Frau es schafft, auch nur einen von ihnen im Auge zu behalten.

„Andere Autoren teilen diese Meinung nicht unbedingt", merke ich an und lege ihr die Ansichten meiner ersten vier Begegnungen dar.

„Nun, der Erste hat etwas Wichtiges erkannt, nämlich, dass Schreiben Arbeit und kein reines Vergnügen ist. Der Zweite scheint das Schreiben nicht so richtig ernst zu nehmen, aber auch Denken ist notwendig, das gebe ich zu. Was die Dritte da macht, ist vollkommener Blödsinn. Aber der Vierte ist schon auf dem richtigen Weg, wenn auch nicht wörtlich. Denn er hat erkannt, dass Inspiration aus der Realität kommt. Aber er muss an einer anderen Stelle suchen, bei Menschen und nicht bei Bäumen. Sonst wird er nur Texte über Wälder oder gar keine schreiben."

„Wie viele Texte haben Sie denn schon geschrieben?"

„Noch keinen, aber wie denn auch, wenn Sie mich die ganze Zeit mit Ihren Fragen nerven und ich nicht zum Beobachten komme."

„Entschuldigung", bringe ich etwas überrascht hervor und verlasse nach dieser ziemlich unfreundlichen, aber umso eindeutigeren Ausladung den Raum.

Ich betrachte noch einmal genauer die Wände der „Halle des Schreibens". Inzwischen bin ich mir sicher, dass mich auch hinter den anderen Türen Autoren mit ihrer Lehre von dem, was ihrer Meinung nach den Beruf des Autors ausmacht, erwarten. Ich gehe in die Mitte, um mir einen besseren Überblick zu verschaffen. Genau in der Mitte des Kreises, in dem sich inzwischen eine Zwei befindet, bleibe ich stehen. Auch über diesen Countdown mache ich mir so meine Gedanken und wähle die nächste Tür deshalb erst nach einiger Überlegung. Meine Wahl fällt auf ein gewaltiges Exemplar von Flügeltür, sehr schwer und alt, mit Schnitzereien und Inschriften. Einziges Problem: Sie befindet sich in gut vier Metern Höhe. Noch während ich darauf zugehe und mich frage, wie ich sie eigentlich erreichen soll, fallen mir Stufen in der Wand auf, die genau zu dieser Tür führen. Ich bin mir ganz sicher, sie zuvor nicht gesehen zu haben, aber ich habe es inzwischen aufgegeben, mich zu wundern.

Die Tür hat eine alte eiserne Klinke und lässt sich nur schwer öffnen. Aus dem Raum dahinter schlägt mir ein muffiger Geruch entgegen. Er rührt sicher von den Tausenden Büchern, denn ich befinde mich in einer großen Bibliothek. Sämtliche Wände des zweistöckigen Zimmers sind mit Regalen bedeckt und auch auf den Tischen und Stühlen und auch auf dem Boden stapeln sich Bücher oder Schriftrollen. Manche sehen so alt aus, als müssten sie zu Staub zerfallen, wenn ich sie nur schief ansähe. An jeder nicht durch Bücher besetzten Stelle sind Zettel mit allen möglichen Dingen darauf. Es stehen auch mehrere große Schiefertafeln mit mathematischen Zeichnungen und Formeln, Schaubildern, zusammenhängenden Texten oder nur einzelnen Wörtern herum. Kurzum, es ist das blanke Chaos.

Auf der Galerie des zweiten Stocks steht ein alter Mann mit

krausem Haar in brauner Hose und dazu passender karierter Weste. Er hat mir den Rücken zugekehrt und blättert in einem Buch. Eigentlich fährt er vielmehr hindurch wie ein Orkan und ich fürchte schon, er wird es in Fetzen reißen. Wütend schlägt er es zu und wirft es achtlos hinter sich, sodass es etwa vier Meter in die Tiefe fällt und mit einem dumpfen Schlag liegen bleibt. Den Alten stört das nicht, er hat schon nach einem anderen Buch gegriffen.

Verlegen räuspere ich mich. Wie vom Blitz getroffen fährt der Mann herum und starrt mich durch seine riesige Brille an.

„Guten Tag“, bringe ich etwas verängstigt hervor.

„Guten Tag“, erwidert er mit einer Stimme, die dem Knarren der Tür sehr ähnlich ist.

„Was machen Sie da?“

„Ich studiere.“ Noch immer durchbohrt er mich mit seinem Blick.

„Warum studieren Sie?“

„Es ist mein Beruf. Ich bin Autor.“ Er scheint nicht zu blinzeln.

„Und was studieren Sie?“, frage ich weiter und hoffe, dass er bald mit dem Starren aufhört.

„Einfach alles. Alles, was ein Autor wissen muss. Die Literatur, die Naturwissenschaften, die Geschichte, die Politik, das Leben, unsere Welt, das gesamte Universum. Wer etwas erschafft, muss es kennen und ein Autor erschafft alles, deshalb muss er alles kennen. Aber er darf sich nicht nur auf sein eigenes Wissen verlassen. Er muss das Wissen aller nutzen und in sich vereinen. Nur dann wird er ein vollkommener Autor. Nur dann erschafft er etwas Vollkommenes.“

Ich habe so das Gefühl, dass dieser Mann schon zu lange an diesem Ziel arbeitet.

„Andere Autoren setzen da allerdings andere Schwerpunkte", worauf auch hier eine Beschreibung der Vorherigen erfolgt.

„Du meine Güte!" Entsetzt poltert er die schmale Wendeltreppe zu mir herab. „Wie kann sich so etwas nur Autoren schimpfen! Arbeiten, ja, da hat der erste vollkommen recht, aber doch nicht, indem man einfach schreibt. Denken? Auch das, aber man muss die Gedanken anderer verarbeiten. Wer nur wartet, verschwendet Zeit. Und warum sollte ich durch einen Wald gehen, wenn ich doch alles darüber hier erfahre? Menschen zu beobachten, ist schon besser. Aber dabei lässt man alles andere außer Acht. Danach kann ich vielleicht Anthropologe werden, aber kein Autor. So schreibt man keine Texte."

„Wie viele Texte haben sie denn schon geschrieben?"

„Ach, was weiß denn ich? Unzählige, aber noch keinen vollkommen! Dafür brauche ich ...", sein Blick fällt auf ein Buch. „Da ist es ja!" Er beginnt darin zu blättern und beachtet mich nicht weiter.

Ich verlasse den Raum und blicke zurück in der „Halle des Schreibens" erneut auf den Kreis. Eins, nur noch eine Tür. Jede einzelne schaue ich mir genau an, um auch ja die richtige zu wählen. An einer ganz besonderen bleibt mein Blick hängen. Sie ist ein verwirrender Anblick, schillert irgendwie und ändert jedes Mal die Farbe, wenn ich meinen Kopf bewege. Diese soll es sein.

Als ich sie erreiche, stelle ich fest, dass sie weder eine Klinke oder einen Knauf noch sonst irgendetwas zum Öffnen hat. Vorsichtig drücke ich dagegen und sie fällt einfach wie eine Zugbrücke auf den Boden. Dieser Raum ist nun wirklich der verrückteste von allen. Er ist vollgestellt mit ... ja, mit allem Möglichen. Man stelle sich den unordentlichsten und überfülltesten Speicher überhaupt vor, und wenn man diesen zehnfach vergrößert, kommt das wahrscheinlich diesem Raum ziemlich nahe. Es scheint nichts zu geben, das man hier nicht findet. Ein etwas weiter entferntes Ding sieht verdächtig nach einem ausgestopften Gorilla aus.

Fasziniert blicke ich mich um und hätte beinahe die Gestalt übersehen, die inmitten des ganzen Gerümpels hockt. Sie passt aber perfekt hier herein, mit einem Hemd aus Kronkorken, Wäscheklammern, Kabelbindern und allen möglichen Stofffetzen und einem Nudelsieb auf dem Kopf. Sie legt den Kopf schief und guckt mich verschmitzt an.

„Guten Tag“, begrüße ich das Kerlchen.

„Guten Tag“, antwortet es und entpuppt sich bei näherer Betrachtung tatsächlich als menschliches Wesen.

„Was machen Sie hier?“

„Ich erfinde“, sagt es und lacht. Seine Kleidung ist ziemlich erfinderisch, das muss ich zugeben.

„Warum erfinden Sie?“

„Es ist mein Beruf. Ich bin Autor.“ Wieder lacht es und hüpft an mir vorbei auf einen alten Sessel.

„Und was erfinden Sie?"

„Na, alles! Autoren schreiben über alle möglichen und

unmöglichen, fröhlichen und traurigen, witzigen und ernsten, realen und nicht realen, menschlichen und unmenschlichen, himmlischen und teuflischen, normalen und verrückten Dinge. Aber die verrückten sind mir lieber! Ha, ha, ha! Und alle diese Dinge erfindet der Autor. Er hat Ideen, Geistesblitze. Der Text entsteht in einer Sekunde. Wenn der Autor etwas sieht oder hört, erfindet er sofort eine Geschichte dazu. Manchmal ist das dann ein Ganzes, aber manchmal sind es nur drei Sätze. Ha, ha! Ein Autor muss spontan sein, so wie ich." Damit springt es von dem Sessel herunter und verschwindet Purzelbäume schlagend im Durcheinander.

„Was, wenn ich Ihnen sage, dass einige Ihrer Kollegen das anders sehen?" Ich suche verunsichert nach dem Kerlchen. Plötzlich streckt es irgendwo seinen Kopf hervor und ich erzähle ihm von den anderen sechs.

„Nein, nein, nein! Nicht einfach arbeiten und schreiben! Und auch nicht so angestrengt nachdenken, man muss locker sein. Aber auch nicht so locker wie die Dritte, das ist ja total langweilig. Der Vierte ist locker, aber warum soll ich in einem gewöhnlichen Wald herumlaufen, wenn ich mir einen viel tolleren ausdenken kann? Und die Fünfte kopiert ja einfach nur die Leute, die es schon gibt. Was der Sechste da macht, ist ja total bescheuert. Der hat ja überhaupt keinen Spaß. Ich hab immer Spaß, ha, ha! Und außerdem muss man selbst erfinden und nicht einfach die Gedanken von anderen sammeln und neu aufschreiben. Man braucht neue Gedanken, man muss etwas Neues erfinden. Sonst sind ja alle Texte gleich."

„Wie viele Texte haben Sie eigentlich schon geschrieben?"

„Das ist doch egal! Ich schreibe das nicht immer auf, das ist so langweilig, weil ich den Text ja schon kenne. Ich erfinde dann immer lieber gleich etwas Neues! Ha, ha, ha!“ Lachend verschwindet das Kerlchen wieder in dem Gerümpel.

Ich verlasse den Raum und gehe wie von einer unsichtbaren Kraft gezogen in die Mitte der „Halle des Schreibens“. Der Kreis ist nun leer. Ich betrachte die kleinen Steine des Mosaiks, als plötzlich ein Zittern durch den Boden geht. Kleine Risse bilden sich und eines der Steinchen löst sich und fällt herab. Immer mehr Steine und immer größere Brocken stürzen in den Abgrund. Erschrocken weiche ich einige Schritte zurück, bis ich am Rand des Kreises stehe, der nun ein schwarzes Loch, einen gähnenden bodenlosen Abgrund einschließt. Ich blicke noch einmal auf, um mich in der „Halle des Schreibens“ umzusehen, und muss feststellen, dass alle Türen verschwunden sind. Ich richte meinen Blick wieder auf das Loch und schließe die Augen.

Sieben Autoren, sieben Dinge. Scheinbar darf man nicht mehr als sieben erfahren. Vielleicht muss man die restlichen selbst herausfinden.

Ich denke, ich werde mal etwas schreiben. Entschlossen mache ich einen Schritt nach vorne.

Der Fahrstuhl

Maximilian Winkler

Durch die Straßen. Immer weiter und weiter. Als ob es nie enden würde. Als ob es endlos wäre. So kam es mir auf jeden Fall an jenem verhängnisvollen Tag vor.

Eigentlich war alles wie immer. Es gab nichts, was sich großartig verändert hätte. Nie veränderte sich hier irgendwas! Die immer gleichen Straßen, die immer gleichen Häuser, die immer gleichen Geschäfte, der immer gleiche Lärm und zu guter Letzt auch noch die immer gleichen Menschen. Zugegeben, vermutlich waren es nicht jeden Tag dieselben Menschen, mir zumindest kam es aber so vor. Sie alle strömten gemeinsam durch die Straßen, mit grauen Gesichtern, nervösem Blick und angespanntem Körper. Da gab es doch keinen Unterschied mehr! Darum waren es für mich die immer gleichen Menschen, diese Menschen, die praktisch nichts wirklich mehr voneinander unterschied. Gleichgemacht von der Masse, eingegliedert in den Prozess.

Wie gesagt, an diesem Tag war alles so wie immer. Der immer gleiche Weg zur Arbeit. Ich ging ihn gar nicht mehr wirklich bewusst, es war, als wäre er einprogrammiert in mein Gehirn, als wäre er ein Teil meines Lebens, meiner Identität. Meine Füße trugen mich von alleine bis hinein in den Fahrstuhl und ich schreckte plötzlich aus meinen Gedanken hoch, als ich realisierte, dass ich bereits angekommen war.

Ich blickte mich um.

Ich war nicht alleine im Fahrstuhl. Aber das war nichts Besonderes und es interessierte mich nicht weiter. Schließlich war das hier eine große Bank, da kam es schon mal vor, dass mehrere Leute gleichzeitig den Aufzug benutzen. Unwillkürlich musste ich grinsen. Meine Gedankengänge überraschten mich manchmal selbst. Aber prompt wurde ich wieder ernst. Ich konnte es mir nicht leisten aufzufallen, indem ich hier dumm grinsend herumstand. Auffallen war immer schlecht.

Ich drückte meinen üblichen Knopf für Etage 66, denn anscheinend war hier niemand im Fahrstuhl, der dort auch hin musste und deshalb den Knopf schon gedrückt hätte.

Als ich wieder hochblickte, begann ich mit versteinerter Miene meine Fahrstuhlkollegen zu mustern. Ganz vorsichtig und unauffällig.

Ich stand im Fahrstuhl mit vier weiteren Personen. Zwei Männer und zwei Frauen. Sie alle sahen relativ gewöhnlich aus. Die beiden Männer trugen Aktentaschen und starrten unablässig auf ihre Handys. Der Ältere der beiden sah ziemlich wichtig aus. Ich vermutete, dass er jemand war, der viel zu sagen hatte hier in der Bank. Der Jüngere kam mir vor wie ein aufstrebender Neuling mit seinen zurückgegelten Haaren und dem teuren Mantel. Die Frauen dagegen wirkten recht unscheinbar. Ich hielt sie für Sekretärinnen oder etwas Ähnliches. Beide erschienen mir recht angespannt. Aber das war eigentlich normal hier. Viel seltsamer wäre es, wenn sie entspannt wären.

Die Türen begannen, sich zu schließen. Doch im letzten

Moment huschte ein weiterer Fahrgast hinein.

Ich traute meinen Augen kaum. So jemanden hatte ich hier noch nie gesehen. Absolut merkwürdig, total verrückt! Aber eigentlich waren meine Augen doch sehr gut! Der Augenarzt meckerte ab und zu mal, ich solle doch etwas mehr auf meine Augen achten, da ich sonst bald eine Brille bekäme, aber das erzählte er mir schon lange. Ärzte halt ...

Fast hätte ich wieder geschmunzelt und meine Gedanken waren wieder einmal abgeschweift. Dabei wollte ich doch wissen, wer dieser mysteriöse neue Fahrgast war. Ich musste konzentriert bleiben! Konzentration!

Er sah aber selbst nicht wirklich konzentriert aus. Eher schlampig. Ganz gelassen lehnte er an der Fahrstuhlwand, summte etwas vor sich hin und ließ manchmal eine Kaugummiblase platzen. Eine Kaugummiblase! Um Himmels willen! Kaugummi war freilich nichts total Außerirdisches, im Gegenteil, es wurde auch hier öfters Kaugummi gekaut, einfach gegen den Stress. Aber Kaugummi zum Vergnügen, so etwas hatte ich hier schon Jahre lang nicht mehr gesehen!

Der Fahrstuhl setzte sich langsam ruckelnd in Bewegung. Tief in Gedanken versunken, wie ich eben war, wäre ich beinah umgefallen. Aber ich konnte mich gerade noch halten. Den meisten meiner Mitfahrer war es ähnlich gegangen, auch wenn sie vermutlich nicht über das Gleiche nachgedacht hatten wie ich ...

Wie konnte ich mir jetzt schon wieder anmaßen zu wissen, was andere dachten? Aber ich hatte einfach das Gefühl, ich wüsste es. Ich hatte oft das Gefühl, ich sei etwas Besonderes, aber zählte das heutzutage überhaupt noch? Hier sollten doch lieber alle gleich sein, einer wie der andere.

Der Unbekannte hingegen wirkte total entspannt. Er lehnte nämlich immer noch gelassen an der Wand. Die Türen öffneten sich, die eine der beiden Frauen stieg aus. Der Fahrstuhl setzte sich wieder in Bewegung. Nach und nach stiegen alle aus. Nach Etage 58 waren nur noch der Unbekannte und ich in dem Fahrstuhl. Ich fragte mich noch immer, wer er war und was hier machte, aber ich hatte beschlossen, nicht weiter darüber nachzugrübeln.

„Steigen Sie nicht aus an Ihrer Etage. Drehen Sie einfach um und gehen Sie nach Hause!“

Verblüfft drehte ich mich um. Hatte der Unbekannte gerade ***mich*** angesprochen? „Reden Sie mit mir?“, fragte ich verdutzt.

„Mit wem denn sonst? Ich verstehe, dass Sie verwundert sind. Sie fragen sich sicher, wer ich bin und was ich hier mache, aber hören Sie mir jetzt erst mal lieber ganz genau zu. Sie müssen so sein, wie Sie sind. Sie dürfen sich nicht verändern, nur weil 'alle das tun'. Folgen Sie ihren Träumen, Ihren Leidenschaften. Seien Sie frei, fühlen Sie keine Verpflichtungen! Es sind nur Sie allein, der zählt. Wenn Sie kündigen wollen, kündigen Sie. Wenn Sie ein Künstler sein wollen, dann seien Sie ein Künstler. Selbst wenn Sie einsam und allein unter einer Brücke leben wollen, total verarmt, ohne alles ... wenn es das ist, was Sie wollen, dann sollen Sie eben das machen. Egal, was alle anderen sagen, Sie machen einzig und allein, was Ihnen richtig erscheint. Merken Sie sich meine Worte.“

Die Fahrstuhltür öffnete sich und er marschierte schnurstracks hinaus. Ich stand einfach nur da und schaute ihm mit offenem Mund hinterher.

Die Tür schloss sich.

Kurz bevor das geschah, hätte ich schwören können, dass er sich einfach aufgelöst hatte.

Aufgelöst?! Das konnte doch nicht sein! Was ist hier eigentlich los? Habe ich geträumt?

Hm, ob es ein Tagtraum war oder ob es real war, das ist ja eigentlich ziemlich egal, oder? Es zählen doch nur seine Worte. Diese Worte ... Er hat recht, er hat vollkommen recht! Ich muss tun, was ich will, und darf auf niemand anderen hören. Alle außer mir sind egal! Sogar meine Familie ist unwichtig. Am Ende bin es doch nur ich alleine. Ich gegen den Rest der Welt.

„Egoismus“, schoss es mir durch den Kopf. Das ist doch reinster Egoismus! Dabei war das doch immer mein Ziel: bloß nicht egoistisch sein! Ich habe Egoismus immer verabscheut und jene Menschen, die ihn praktizieren, als das Übel der Menschheit angesehen.

Die Fahrstuhltür öffnete sich. Meine Etage. Ich blickte aus der Tür. Der Mann eben hatte ja recht in vielem, was er gesagt hat. Ich sollte eigentlich kündigen. Wenn es nur mich gäbe, würde ich das auch auf jeden Fall machen, dachte ich. Dieser Mann hat mir die Augen geöffnet. Ich muss etwas ändern in meinem Leben. Darf mich nicht selbst verleugnen.

Aber es gibt doch nicht nur mich!

Verantwortung und Pflicht heißen die Stichwörter ...

Seufzend stieg ich aus dem Fahrstuhl.

<u>Ein mickriger Spatz</u>

<u>*Moritz Burghardt*</u>

Eine Schaufel, zwei Schaufeln, drei, vier, fünf...

Während Frank das Futter für die Pfauen in den Trog beförderte, fragte er sich wie schon so oft, ob es noch einen anderen Menschen auf der Welt gab, der seinen Beruf so sehr verabscheute und gleichzeitig über alles liebte wie er selbst. Die meisten Leute würden vermutlich sagen, dass Tierpfleger im Zoo ein Beruf sei, bei dem man eine gewisse Zuneigung zu Tieren und Bereitschaft zur körperlichen Arbeit mitbringen sollte. Fast fanatische Tierliebe aus dem Grunde des Herzens – um einiges größer als die zu Menschen – und der Wille zur absoluten Aufopferung für alle besonderen und auffälligen Mitglieder der weltweiten Fauna sind zwar ein gewisser Grund zur Verwunderung, aber man kann davon ausgehen, dass ein Mensch mit solchen Attributen erst recht geeignet für den Job ist. Von diesem Standpunkt aus war Frank also ein Bilderbuch-tierpfleger.

Betrachtete man dagegen die andere Seite, so hätte Frank sich seinen seltenen tierischen Lebewesen wahrscheinlich nicht auf mehr als 500 Meter nähern dürfen. Denn jedes Mal, wenn er ihnen gegenüberstand und sah, wofür all die Menschen sie bewunderten, ihre Schönheit, ihre Kraft oder einfach nur das Exotische, packte ihn eine solch unbändige Eifersucht, dass er nicht übel Lust hatte, die gesamte Spezies auszulöschen.

Da Frank aber nun einmal doch Tierpfleger war, sah er sich täglich mit dem Kampf zwischen grenzenloser Bewunderung und der niederschmetternden Gewissheit, niemals wie seine tierischen Vorbilder sein zu können, konfrontiert. Und mit diesem inneren Konflikt stand er wie schon so oft im Pfauengehege und schaufelte das Futter für diese wunderschönen Geschöpfe in den Trog, als unvermittelt ein kleiner Spatz vor ihm landete und mit der allergrößten Dreistigkeit anfing, nach kleinen Körnchen zu picken. Aufgeregt begann Frank mit den Armen zu fuchteln. „Weg da! Deinesgleichen muss sich sein Futter schon selbst besorgen. Das hier ist für etwas Besseres“, meckerte er. Wie erwartet flog der kleine Vogel nervös auf, ganz entgegen von Franks Erwartung hockte er sich jedoch sofort wieder auf einen der Gitterstäbe auf dessen Augenhöhe und starrte ihn an, wobei das kleine Köpfchen leicht hin und her zuckte.

„Wie meinst du das? Etwas Besseres?“, fragte er mit recht piepsiger Stimme. Einigermaßen verwirrt über diese Frage, wenn auch weniger über die Tatsache, dass sie gestellt wurde, als über ihren Inhalt, brauchte Frank einen kurzen Moment, bis er antwortete. „Ist das denn nicht offensichtlich? Auf der einen Seite ist hier der makellose Pfau in schimmernden Farben, imposantem Federkleid und unantastbarer Erhabenheit, seit Jahrtausenden Sinnbild der Schönheit und auf der anderen du, ein mickriger Spatz. Was kannst du schon Tolles außer Körner picken?“ Die Frage ignorierend erwiderte der Spatz: „Du glaubst also, dass das blaue Riesenhuhn da mir überlegen ist? Da musst du aber ein anderes Tier finden."

Eigentlich hatte Frank wenig Lust, mit einem Spatzen die offensichtliche Überlegenheit eines Pfaus gegenüber dessen eigener Spezies zu diskutieren, aber das Vögelchen enthob ihn dieser Entscheidung, indem es auf seine Schulter flog und auffordernd nickte. Da seine Runde ihn ohnehin an einigen besonders interessanten Kreaturen vorbeiführen würde, packte Frank seufzend das Pfauenfutter zusammen und verließ das Gehege. Diesem nervigen kleinen Flattervieh würde er schon zeigen, was ein besonderes Tier war.

Er beschloss für den Anfang ein fast schon plakatives, aber überaus wirkungsvolles Geschütz aufzufahren. Was sollte ein Spatz schon sagen, wenn er einem Elefanten gegenüberstand? Als hätte es seine Gedanken gelesen, trottete auch schon eines der gewaltigen Geschöpfe mit einem freudigen Tröten auf Frank zu, als dieser das Gehege betrat. „Was hältst du von dem hier? Ein Elefant ist das größte Landlebewesen der Welt. Er strahlt Macht aus, findest du nicht? Dazu noch so eine gewisse Ruhe und trotzdem Wildheit. Einfach Ehrfurcht gebietend." „Das muss ich mir erst noch einmal durch den Kopf gehen lassen", erwiderte der Spatz nur knapp. Also verrichtete Frank seine Arbeiten und fragte erst beim Verlassen des Geheges nach. „Also, bist du jetzt davon überzeugt, dass du gegen so etwas nicht ankommst?"

„Die waren schon ziemlich groß und alles", gab der Spatz zu, „allerdings sind sie es, die gegen mich nicht ankommen." Da sich das kleine Geschöpf erneut einer Erklärung entzog und auf Franks Schulter landete, stellte sich bei diesem nun eine recht gereizte Stimmung ein. Wie sollte er diesem sturen und nicht diskussionsfähigen Wesen seinen Platz im Tierreich verdeutlichen, der offensichtlich weit von der hier vertretenen Spitzenklasse entfernt war? Da blieb ihm wohl nur noch einer der imposantesten Vertreter der ohnehin schon beeindruckenden Großkatzen!

„Was sagst du jetzt? Ist das nicht die reine Verkörperung von Kraft, Eleganz und Unbezähmbarkeit? Ich kenne kein so anmutiges Tier, das mich gleichzeitig unwiderstehlich anzieht und zu Tode ängstigt!", erklärte Frank voller Bewunderung, während er vor dem Gehege des schwarzen Panthers stand, den kleinen Spatz immer noch auf der Schulter. Hier hatte er eigentlich gerade nichts zu tun und er wollte sich dem Raubtier nicht unnötig nähern, im Gegenteil, er war für das robuste Stahlgitter dankbar. Außerdem fürchtete er von seinem Chef entdeckt zu werden und Ärger zu kriegen, weil er ja immer nur herumstände und seinen albernen Tagträumen nachhinge.

„Für ein Kätzchen ist es ziemlich groß. Und ich muss gestehen, dass ich nicht gerne in die Reichweite seiner Pfötchen kommen würde ...", schon breitete sich ein triumphierendes Lächeln auf Franks Lippen aus, „... aber meine wahre Stärke übertrumpft das niemals." Frank war kurz davor, den Vogel anzuschreien, er möge doch endlich den Grund für seine ach so tolle Überlegenheit preisgeben, als ihm ein neuer Gedanke kam. Mit Äußerlichkeiten war dem kleinen Dickkopf nicht beizukommen, aber was sollte er gegen eine Art von Macht sagen, die subtil war und dennoch jeden das Fürchten lehrte?

Sein Weg führte ihn also ins Reptilienhaus.

„Wunderschön und mit ganz unschuldigen schwarzen Äuglein. Und doch haben wir hier eines der giftigsten Tiere der Welt vor uns. Man sieht es ihr nicht an, es könnte auch eine ganz gewöhnliche Schlange sein, aber ihr Biss würde ausreichen um alle Menschen in diesem Raum zehn Mal zu töten. Man merkt dies natürlich erst, wenn es zu spät ist. Was willst du dagegen sagen? Eine Richterin über Leben und Tod, die nur ein Tröpfchen statt eines Schwertes braucht." Immer wenn Frank den knapp zwei Meter langen Inlandtaipan durch die Scheibe beobachtete, gebannt davon, wie das olivgrüne Schuppenkleid bei jeder Bewegung glänzte, geriet er innerlich so ins Schwärmen. Nun war die Gelegenheit seine Gedanken jemandem mitzuteilen.

„Alles schön und gut, aber eigentlich hast du dich mit diesem Beispiel sogar verschlechtert." Vor Wut bebend stürmte Frank aus dem Reptilienhaus. Allein der Gedanke an die skeptischen Blicke der Zoobesucher hatte ihn gerade noch davon abgehalten, lauthals einen ignoranten Spatzen anzuschreien. Innerlich noch immer kochend hatte er eine letzte Idee. Es kam vielleicht gar nicht auf die Eigenschaften eines einzelnen Wesens an, sondern auf etwas, das über diesem stand. Wenn er nun auch mit diesen Wesen keinen Erfolg haben sollte, war es einfach sinnlos, weiter mit dem Piepmatz zu streiten.

Es war wie immer ein nicht zu überblickendes Gewusel an dem Termitenbau. Wo man auch hin sah, erblickte man unzählige kleine, geschäftige Krabbeltiere, keines blieb länger als eine Sekunde stehen oder lief ohne eine Aufgabe über den

Bau. „Es sieht nach Chaos aus und ist doch ein Ausdruck höchster Ordnung. Tausende kleine Rädchen, alle drehen sich, alle funktionieren, um einem höheren Ziel zu dienen. Ein einzelnes Insekt ist machtlos, aber wenn sie sich dem Ganzen unterordnen, erschaffen sie viel Unfassbares."

„Du bist jetzt so nah dran wie bei keinem anderen deiner Versuche und doch hast du dich so weit davon entfernt, wie es nur geht. Ich glaube, dass das Ganze hier keinen Sinn mehr hat. Manche Leute können einfach meine Macht nicht begreifen und verschließen die Augen davor. Ich kenne diese Reaktion, aber von einem Träumer wie dir hätte ich mehr erwartet." Bei den letzten Worten schüttelte der Spatz das kleine Köpfchen und flatterte sofort von Franks Schulter, ehe dieser etwas erwidern konnte. Ihm blieb nichts anderes übrig, als am Boden zu bleiben und zuzusehen, wie das kleine Vögelchen am blauen Himmel verschwand.

Noch auf dem Heimweg zerbrach sich Frank den Kopf über die ärgerliche Debatte. Da brachte er ein Argument nach dem anderen, wartete mit den Kronen der Schöpfung im Reich der Tiere auf und ein mickriger Spatz wollte ihn zum Narren halten, indem er nur kryptisch daher redete und behauptete, Frank verstehe seine wahre Stärke nicht. Und als dem Vieh nichts mehr eingefallen war, flog es natürlich einfach in die weite Welt hinaus, um andere arme Seelen zu plagen.

Zerknirscht schloss er die Wohnungstür hinter sich und verriegelte wie gewohnt sein Gehege.

Wachs

Moritz Burghardt

Blitze zuckten über den Himmel und erhellten für Augenblicke die sonst pechschwarze Nacht. Immer wenn eines der Lichtgewitter die Landschaft in unwirkliches Licht tauchte, zeichnete sich auf einem Hügel die Silhouette einer mächtigen Villa ab. Verlosch es dann wieder, verschmolz sie mit der Finsternis und wurde eins mit ihr. Der Regen peitschte vom Sturm getrieben gegen die Scheiben des Hauses, wie ein böser Geist, der in sein Inneres einzudringen versuchte.

Hinter einem dieser Fenster stand Charles und bewunderte das Schauspiel, das die Naturgewalten scheinbar nur zu seiner Unterhaltung vollführten. Er liebte es, bei Sturm hier zu stehen. Er liebte es grundsätzlich, an diesem Fenster zu stehen und den Blick über seine Parkanlagen streifen zu lassen. Ob an schönen Frühlingstagen, wenn alles in voller Blüte vor Farben strotzte, im Sommer, wenn die Sonne noch bis spät abends auf den vielen Wasserflächen glitzerte, im Herbst, wenn der Wind durch die Bäume fuhr und sie um ihr vielfarbiges Laub erleichterte, um es dann über Wege und Wiesen zu treiben, oder auch an langen Winterabenden, wenn alles friedlich unter einer weißen Decke schlief.

Aber nichts liebte Charles so sehr wie gewaltige Gewitterstürme. Sie bestätigten ihm einerseits, wie klug es doch war, in seinem trauten Heim zu bleiben, um nicht den Gefahren der Welt ausgeliefert zu sein, und andererseits, dass der menschliche Verstand und Durchsetzungswille aller Gewalt von außen trotzt und ihr überlegen ist. Diesen Überzeugungen hing Charles schon seit vielen Jahren an und war damit bis jetzt auch nicht schlecht gefahren.

Charles war gebildeter als viele, reicher als die meisten und verschrobener als wohl alle anderen Mitmenschen seines Alters.

Er hätte noch Stunden lang dort stehen und schauen können, doch das immer schwächere, orange flackernde Licht an der Wand zwang ihn wohl doch zu handeln. „Hector!“, rief er, ohne sich vom Fenster abzuwenden. Kurz darauf trat die alte, gebeugte Gestalt seines Hausdieners in das große Arbeitszimmer. Noch immer den Sturm betrachtend sprach Charles mit einer angenehmen tiefen Stimme. „Wären Sie wohl so freundlich, nach dem Feuer zu sehen? Außerdem brauche ich etwas mehr Licht.“ „Sehr wohl“, war die knappe Antwort. Während Hector einige Scheite aufs Feuer legte und danach ein paar Kerzen entzündete, Charles schätzte das Licht und die Wärme von Feuer grundsätzlich mehr als die „moderneren“ Alternativen, wurde ihm wieder einmal bewusst, wie glücklich er über seinen Hausdiener war. Dieser war der einzige Mensch, zu dem Charles gerne persönlichen Kontakt pflegte. Seit der Beerdigung seiner Mutter vor zwei Jahren hatte er das Anwesen nicht mehr verlassen und die übrigen Angestellten, all die Küchenhilfen, Gärtner und Putzfrauen, mied er. Lediglich Hector, den er von Geburt an kannte, ließ er an sich heran. Ja, war Charles einmal guter Laune, ließ er sich sogar auf einen abendlichen Plausch ein.

„Wünschen Sie sonst noch etwas?“, fragte der Diener und riss Charles aus seinen Gedanken. „Nein, vielen Dank.“ Nachdem Hector gegangen war, blickte Charles nur noch einmal kurz nach draußen. Im flackernden Licht des Gewitters sah er schemenhaft die alte Weide. Sie war sein Lieblingsplatz in den weitläufigen Gartenanlagen. Ein einziger Stuhl und ein kleiner Tisch standen im Sommer darunter und oft zog er sich mit einem Buch dorthin zurück. Man konnte fast das gesamte Haus sehen, war aber selbst kaum zu erblicken. Nur von den Fenstern des großen Zimmers aus, aber das betrat ohne seine Erlaubnis niemand, nicht einmal Hector. Es war sein Allerheiligstes, sein Refugium, und wenn er nicht gerade unter der Weide saß, fand man ihn gewöhnlich hier.

Schließlich drehte Charles sich doch um und ließ den Blick durch das große Zimmer schweifen. Alles darin entsprach seinen Wünschen, wenngleich andere vieles als nutzlos empfunden hätten. Es war zwar nicht das größte Zimmer der Villa, doch erweckte es einen Eindruck von Größe und Erhabenheit, der zu dem Namen führte. Betrat man es durch die schwere hölzerne Flügeltür, fiel einem zuerst der mächtige, mit Schnitzereien verzierte Schreibtisch auf. Er war zwar mit Papieren, Büchern, Stiften und dergleichen übersät, und außerdem stand darauf noch ein mit Wachs bedeckter Kerzenständer, doch hatte dies alles dennoch eine genaue Ordnung. Hinter dem Tisch stand ein großer dunkler

Ledersessel, davor jedoch gab es keine Sitzmöglichkeit. Die Wand hinter dem Schreibtisch war von drei Fenstern bestimmt, die bis zur Decke reichten und bei schönerem Wetter den Raum mit Licht durchfluteten.

Auf der von der Tür aus rechten Seite stand ein brauner Flügel so ausgerichtet, dass man beim Spielen vom Fenster abgewandt saß. In die linke Wand war der Kamin eingelassen, davor stand ein etwas kleinerer Sessel als der hinter dem Schreibtisch mit einem Beistelltisch. Auch hier gab es keine zweite Sitzgelegenheit, doch etwas hinter einem Regal versteckt befand sich ein einziger Stuhl, den Charles für seine seltenen Gespräche mit Hector an den Kamin stellte. Links neben dem Kamin führte eine weitere, kleinere Tür zu Charles´ Schlafzimmer. Ansonsten waren die Wände mit Bücherregalen und wenigen Landschaftsmalereien bedeckt, es gab einen alten hölzernen Globus, eine wertvolle chinesische Vase, ein aufwendiges Modellschiff, eine nicht eindeutig identifizierbare Büste und viele andere Kuriositäten, die aber alle in dieses Zimmer zu passen schienen und es auf seltsame Weise in eine ganz eigene Welt verwandelten, unabhängig von Mode, Gesellschaft oder Zeit.

So sehr Charles es liebte, aus seinen gewaltigen Fenstern zu blicken, so sehr hasste er es, wenn man andererseits ihn sah. Deshalb waren alle Tätigkeiten im großen Zimmer von den Fenstern abgewandt und bei Bedarf sperrte er die Blicke mit schweren roten Vorhängen aus. Er entschied, wann er zur Welt ging, sie sollte nicht einfach ungebeten zu ihm kommen.

In einer Nacht wie dieser schien die Gefahr, von draußen

gesehen zu werden, allerdings sehr gering, deshalb drehte Charles sich einfach um und ging zu einem der Regale. Er hatte Lust zu lesen, wusste aber nicht genau, was, und ließ daher seinen Blick unschlüssig über die Buchrücken schweifen. Wozu sollte er in die weite Welt hinausfahren? Sie stand doch hier direkt vor ihm. Ordentlich aneinandergereiht und sortiert. Genauer erkundet, als er es jemals könnte. Von Experten kommentiert. Er sah sie in Tausenden Bildern und Zeichnungen vor sich: Landschaften, Städte, Denkmäler, Menschen. Es war so viel bequemer, günstiger, sicherer, nachhaltiger und aufschlussreicher, die Welt in diesem Zimmer zu erleben. Und darüber hinaus konnte er hier ja noch viel weiter reisen. Er hatte Zugang zu Welten, die mit keinem Flugzeug, Schiff oder Auto zu erreichen waren. Fantastische Erfindungen oder vergangene Zeiten; Charles besaß Klassiker, herausragende Werke eines jeden Genres, außergewöhnliche Geheimtipps und Originale aus verschiedensten Epochen der Geschichte.

Unendlich schienen die Möglichkeiten seiner Bibliothek, doch irgendwie fand er unter all seinen Schätzen nichts, das ihm in diesem Moment zusagte.

Also wandte er sich wieder von den Regalen ab und nahm hinter seinem Schreibtisch Platz. Es lagen noch einige unbeantwortete Briefe darauf. Nachdem er jedoch kurz die Absender durchgeschaut hatte, entschied er, sich auch jetzt nicht damit auseinanderzusetzen.

Auch diese schriftliche Korrespondenz war eine von Charles' eigenartigen Vorlieben. Sicher hätte er sich ebenso gut mit seinen Bekannten treffen oder telefonieren können, aber er sah nicht ein, wieso. Gab es ihrer Meinung nach etwas so Wichtiges, dass man es nur persönlich besprechen könnte, so sollten sie ihn besuchen. Für ihn gab es einen solchen Anlass nicht. Ansonsten blieb es einem jeden selbst überlassen, wann und wie lange er auf eine Nachricht des anderen wartete. Charles hetzte niemanden und fragte niemals nach einer Antwort. Dagegen beantwortete er die Briefe anderer auch nur, wenn ihm der Sinn danach stand, und man hatte sich inzwischen an diese unstete Art der Kommunikation gewöhnt. Allerdings hatte Charles noch nie einen Brief unbeantwortet gelassen. Außerdem bedachten die Leute ihre Aussagen genauer, wenn sie einen Brief schrieben, und Charles hasste den bloßen Austausch von Höflich- und vor allem Sinnlosigkeiten.

Charles blickte von seinem Schreibtisch auf und sah, dass eine Kerze in dem Leuchter heruntergebrannt und erloschen war. „Hector!", rief er, doch er hörte nicht sofort die etwas schlurfenden Schritte des Dieners. Wo steckte der Alte denn bloß? Da er es aber auch nicht eilig hatte, beobachtete er etwas verträumt die anderen kleinen Flammen. An einer Kerze rann bereits ein kleiner Tropfen Wachs herunter, um danach an einem Zapfen hängen zu bleiben, den unzählige Kerzen zuvor gebildet hatten. Fast sah es so aus, als würden die Kerzen weinen und ihre Tränen erstarren, um für die Ewigkeit dort hängen zu bleiben. Einige Tropfen fanden auch den Weg bis zum Fuß des Ständers, der inzwischen ebenfalls mit Wachs vollends bedeckt war.

Halt! Nicht vollends. Wie durch Zufall war ein winzig kleiner Fleck des Metalls noch zu sehen. Und genau darauf fiel nun Charles' Blick. Er hatte den Leuchter seit Ewigkeiten nicht mehr so intensiv betrachtet und war nun umso überraschter, als er feststellen musste, dass dies nicht einfach irgendeine Stelle war. Es war genau die, an der sein Vater Charles' Initialen in den Leuchter geritzt hatte: CS.

Sein Vater ...

Eine Erinnerung durchflutete plötzlich und unaufhaltsam Charles´ Kopf. Er saß hier in diesem Zimmer, hinter dem Schreibtisch. Es war sein zehnter Geburtstag. Sein Vater stand an der Tür und blickte vorsichtig hinaus, als fürchtete er, dass jemand sie bei der folgenden Tat erwischen könnte. Darauf huschte er zum Tisch zurück und versicherte Charles, dass die Luft rein sei. Er holte ein Taschenmesser aus einer der Schubladen und setzte sich auf einen Stuhl neben Charles. Dann zog er den großen Leuchter näher zu sich heran. Charles hatte dieses eigentlich viel zu verschnörkelte und kitschige Ding schon immer geliebt. Wenn sein Vater arbeiten musste, hatte der kleine Charles gerne einfach nur vor dem Schreibtisch gesessen und in die Kerzenflammen geschaut. Er wollte einfach so oft und so lange wie möglich bei seinem Vater sein. Mit ihm hatte er immer den größten Unfug getrieben. Deshalb nahm sein Vater nun das Messer und ritzte Charles' Initialen in den Fuß des Leuchters, ganz klein, sodass man sie kaum sah, wenn man es nicht wusste. „Jetzt gehört er dir. Und es kann keiner etwas anderes behaupten.“

Charles war überwältigt. Er hatte seit Jahren nicht mehr an

seine Kindheit, eigentlich nicht mal richtig an seinen Vater gedacht. Er war damals so glücklich gewesen. Wie hatte er das vergessen können? Wie hatte er sein Geburtstagsgeschenk, das schönste, das er an jenem Tag bekommen hatte, weil es ihn mit seinem Vater verbunden hatte, so verkommen lassen können? Er brach ein Stück Wachs von dem Fuß ab, nur ein kleines. Dann noch eines und noch eines. Immer größere Stücke des Leuchters legte er frei. Und mit ihnen kamen weitere Erinnerungen.

Charles erinnerte sich an all die regnerischen Tage, ja, er hatte dieses Wetter schon immer geliebt, an denen er draußen im Garten gespielt hatte. Er war die Hänge hinuntergerutscht und in Pfützen gesprungen. Aber richtig Spaß hatte es immer erst gemacht, wenn Hector kam. Charles' Mutter hatte den Hausdiener immer herausgeschickt, um nach ihrem Sohn zu sehen. Sobald dieser aber Hector, der meist vor sich hin fluchte und auch sonst einen gewaltigen Lärm machte, hörte, versteckte er sich im Gebüsch und es begann eine Suche, die manchmal andauerte, bis der Regen schon wieder vorbei war.

Und er erinnerte sich an die Feste, die sein Vater veranstaltet hatte. Das ganze Haus war voller Menschen, Stimmen, Musik und überhaupt Leben gewesen! Charles hatte mit anderen Kindern in den Gängen Fangen gespielt und sie hatten sich in die Küche geschlichen, um von den Kuchen zu stibitzen. Er hatte nie still sitzen können. Aber sein Vater hatte immer ein kleines Spielzeug in der Tasche gehabt und Charles war jedes Mal hellauf begeistert, wenn er etwas Neues hervorzauberte.

So hatte er auch die langweiligsten Reden überstanden. Und nach den Ansprachen seines Vaters hatte er immer am lautesten applaudiert.

Vor allem aber erinnerte er sich an die Momente, wenn er mit seinem Vater allein gewesen war. Sie waren durch den riesigen Garten gelaufen und hatten alles genau beobachtet. Die Bäume, die Vögel, die kleinen Fische im Teich und sogar die Ameisen im Gras. Sein Vater hatte ihm so viel erklärt, wie er nur konnte, aber Charles hatte immer noch mehr wissen wollen und so mussten sie nach ihren Spaziergängen immer noch in die Bibliothek. Für Charles war der Garten damals eine Traumwelt geworden, die sich nur ihnen beiden öffnete.

Und sie hatten viele Ausflüge gemacht. So oft es ging, hatte sein Vater ihn zu Besuchen mitgenommen. Und sein Vater hatte tolle Leute besucht. Viele hatten prächtige Uniformen und manche lebten auf Schlössern! Und sie waren oft in die Natur gefahren, auf kleine Berge und in Wälder. Manchmal auch zu einem Badesee, den kaum jemand kannte. Wenn sie dann immer spät am Abend und völlig verdreckt nach Hause kamen, hatte seine Mutter den Vater vorwurfsvoll angeschaut. Der hatte dann immer versucht sich herauszureden und ganz unschuldig dreingeblickt. Daraufhin hatte die Mutter jedes Mal lachen müssen, denn eigentlich war sie nie richtig böse gewesen. Charles' Mutter hatte so schön lachen können wie niemand sonst auf der Welt.

Charles kratzte weiter an dem Leuchter. Stück um Stück brach er das Wachs ab. Immer größere Stücke, immer schneller! Es war fast schon eine Raserei!

Charles war nie so glücklich gewesen wie in seiner Kindheit. Bis sein Vater schwer erkrankte und innerhalb von nur zwei Monaten starb. Doch es starb nicht nur sein Vater. Es starb sein bester Freund, sein Lehrer, sein Zugang zur Welt, zur wirklichen und zu einer noch viel größeren und fantastischeren. Es starb alles, was sein Leben bis dahin bestimmt hatte, und es war fast so, als sei Charles selbst gestorben.

Auch seine Mutter war danach nie mehr wie früher gewesen. Er hatte sie nie wieder so lachen sehen. Und sie konnte Charles nicht helfen, sie konnte den Vater nicht ersetzen und unternahm auch keinerlei Versuche, es zu tun. Der Einzige, der sich noch etwas Zeit für ihn genommen hatte, war Hector gewesen. Doch auch der war weit davon entfernt gewesen, den Platz seines Vaters einnehmen zu können.

Und so legte sich ein Panzer um Charles, von außen wie von innen. Er wollte sich schützen. Zum einen vor all den Menschen, die nun kommen sollten und ihm ihr Beileid versichern wollten, die mit ihm spielen wollten und versuchten, die Zauberwelt wieder für ihn zu öffnen. Vor allem aber wollte er sich vor sich selbst schützen, vor seinen Gefühlen. Er wollte nie wieder jemanden so lieben wie seinen Vater, überhaupt nie wieder solche Nähe zu jemandem spüren. Und er wollte nie wieder in seine Welt zurück, denn allein wäre sie eine andere gewesen. Und so wurde aus dem kleinen lebensfrohen, nicht zu bremsenden und immer neugierigen Charles jener Mann, der kaum das große Zimmer verließ, indem er seinen Schutzpanzer immer weiter verstärkte und ihn sich so lange einredete, bis er glaubte, es sei schon immer seine – noch dazu vollkommen richtige – Überzeugung gewesen.

Doch nun saß Charles hier im großen Zimmer, schwer atmend. Tränen rannen ihm über das Gesicht und vor ihm lag um den Leuchter herum ein Haufen Wachs. Er hatte die Kruste um den Leuchter vollständig aufgebrochen. Doch nicht nur das, er hatte seinen Panzer aufgebrochen und atmete nun das erste Mal seit fast zwanzig Jahren frei. Er konnte nicht länger sitzen, sprang auf und lief durch das Zimmer, bis er schließlich wieder am Fenster zum Stehen kam. Er blickte hinaus. Es regnete noch, hatte aber aufgehört zu blitzen.

Plötzlich klopfte es und Hector trat ein. „Sie haben nach mir gerufen?" Charles war einen Augenblick verwirrt. Dann richtete er sich jedoch auf und wischte sich die Tränen ab. „Ja. Ich wollte Sie bitten, den Wagen vorzufahren. Wir machen einen Ausflug."

„Aber mein Herr, das Wetter ...", setzte Hector an.

„Na, und?", fragte Charles und drehte sich um. Er lächelte verschmitzt, als hätte er gerade ein Stück Kuchen gestohlen. „Haben Sie etwa Angst, nass zu werden?"

Eine kleine Geschichte

Anja Benderoth, Moritz Burghardt, Sven Eschlbeck, Teresa A. Niessing, Adrian Welcker, Maximilian Winkler

Für Thomas

1

Es war einmal eine kleine Geschichte. Vermutlich wäre sie eine sehr glückliche Geschichte gewesen, hätte sie nicht dieses eine elementare Problem gehabt: Sie hatte keine Handlung. Und nicht nur das, ihr fehlten Personen, ein Thema, ja, noch nicht einmal ein Genre konnte sie aufweisen. So beschloss sie, sich auf die Suche zu machen. Auf die Suche nach der einzigartigen Idee, der Idee, die den Lesern den Atem verschlug, sie zum Lachen brachte, zu Tränen rührte, die Erinnerungen hervorrief und sich schließlich auf ewig in ihren Gedanken verankerte.

Mit diesem Wunsch vor Augen machte sie sich also auf den Weg in eine Welt, in der sie neben den erhofften Anregungen auf die unterschiedlichsten, unerwartetsten und immer wieder überraschenden Geschichten traf. So lief die kleine Geschichte einmal durch eine Stadt, ganz aus Eisen, Kupfer und Messing, von Bächen aus Öl und Säure durchflossen. In den Dachgiebeln hingen sich als solche bezeichnende 'Ledermäuse', die sich darüber amüsierten, Meister der bakteriellen Kriegsführung zu sein. Eine weitere merkwürdige Kreatur gab ihr den Rat, niemals aus der Sicht einer Türklinke zu erzählen, welchen die kleine Geschichte nach reiflicher Überlegung zu beherzigen beschloss. Kaum hatte sie die Stadt verlassen, sprang ihr ein weißes Kaninchen mit roten Augen in den Weg, zog seine Uhr aus der Westentasche, und bevor es möglich gewesen wäre, es zu fragen, wohin es denn wolle, war es auch schon wieder in einem Loch in der Hecke verschwunden. Zum ersten Mal kamen der kleinen Geschichte Zweifel. Es gab bereits so viele Geschichten, die auf den kreativsten und ausgefallensten Ideen basierten, wie konnte sie hier nur ihren Platz finden? Sie folgte dem gepflasterten Weg, und als sie sah, wie er sich vor ihr in die Ferne erstreckte, über Hügel und Täler, sich an Dornen und Gestrüpp vorbei windend, kam ihr kurz die Überlegung, ihrer Handlung einen philosophischen Hintergrund zu geben, doch sie schob sie in den Hintergrund, da ihr partout nichts dazu einfallen wollte.

Nach einer Weile kam sie auf eine Brücke und beobachtete das Wasser in dem Bach darunter. Das schnelle Wasser fing die Sonnenstrahlen und ließ ihre Spiegelungen um die Steinchen und andere Hindernisse tanzen. Was gab es Schöneres als die Werke der Natur? Der Wind fuhr mit einem leisen Rauschen durch die Blätter der Bäume und das Gras am Ufer und die kleine Geschichte wurde ganz befangen. Wenn es ihr nur gelänge, diese Eindrücke in Worte zu fassen! War das überhaupt möglich? Noch während sie in diesen Gedanken schwelgte, trat ein ungewöhnlich kleiner Mann auf die Brücke. Im Vorbeigehen lächelte er und murmelte: „Es geht nichts über das Suchen, wenn man etwas finden will. Zwar findet man bestimmt etwas, aber gewöhnlich ist es durchaus nicht das, was man gesucht hat." Die kleine Geschichte zuckte zusammen und lief weiter, wobei sie seine Worte überdachte. Sie hatte immer die Vorstellung von einer gewaltigen Handlung gehabt, die den Leser mit ihrer Größe so sehr einnahm, dass er gar keine andere Möglichkeit hatte, als begeistert zu sein. Aber wäre es nicht viel beeindruckender, wenn dies mit etwas Kleinerem, dafür aber Bedeutsameren gelänge?

„Du wirst für mich einzigartig sein. Und ich werde für dich einzigartig sein in der ganzen Welt." Die kleine Geschichte fuhr herum und erblickte einen Fuchs, der zu einem kleinen Jungen sprach. Die Szene rührte sie zutiefst. Ihr wurde klar, dass dies genau das war, was sie auch wollte. Einzigartig sein in der ganzen Welt.

2

Einfach was Besonderes. Jeder, der sie gelesen hatte, egal, ob jung oder alt, sollte sich an sie erinnern können. Man sollte auch noch in Hunderten von Jahren über sie sprechen und ihre Worte ehren. Mit diesem Vorhaben, etwas ganz Besonderes zu werden, nein, schon fast zu sein, setzte sie ihren Weg fort. Die kleine Geschichte zog an einem grauen Tümpel vorbei. Fast hätte sie durch das Rascheln des Schilfs das dort stattfindende Gespräch unbeachtet gelassen, doch so hielt sie in ihrer Neugierde kurz inne und lauschte. „Na, hörst du! Wenn jemand so scheußliche grüne Haare hat, sollte er lieber ganz still sein. Wie kann ein Mensch nur so grüne Haare haben!"

„Entschuldige", wandte der kleine Wassermann ein. „Ich bin ja gar kein Mensch. Ich bin ja ein Wassermann."

„Was? Ein Wassermann? Dass ich nicht lache! Und so einen Unsinn soll ich dir auch noch glauben?"

„Wieso ist das Unsinn? Es stimmt doch", sagte der kleine Wassermann.

„Ja, es stimmt, dass du dumm bist. Ein Wassermann willst du sein? Ach, du meine Güte, ein Wassermann! Hat man denn so etwas schon gehört? Wassermänner gibt es doch gar nicht!"
Die kleine Geschichte wollte schon lauthals protestieren, tat es jedoch nicht. Auch sie hatte noch nie einen Wassermann gesehen, aber konnte es deshalb denn nicht trotzdem welche geben? Hätte der kleine Wassermann doch bloß keine grünen Haare, niemandem wäre aufgefallen, dass er anders, besonders ist.

Diese Gedanken stimmten die kleine Geschichte ganz traurig. Vielleicht sollte auch sie besser nur den immer gleichen Inhalt in die immer gleichen Satzgefüge packen, um bloß nicht aufzufallen. Sie könnte leise dahin existieren, unsicher, ob jemals ihr staubiger Buchrücken aus dem Regal genommen werden würde. So müsste sie nichts riskieren, sie würde nicht kritisiert werden. Ein einfaches Leben als literarisches Werk. Aber wozu schrieb man eine solche Geschichte, wenn man nichts davon hatte? Ihr Leben hätte keinen Sinn. Die kleine Geschichte wäre ein Produkt der Angst, nein, vielleicht sogar nur aus Langeweile geschrieben worden. Das durfte sie nicht zulassen! Jedes einzelne ihrer Worte sollte gewollt sein. Sie wollte geliebt werden, wie eine Mutter ihr Kind und wie zwei Schwäne es tun.

Und sie begann, die Stille mit Wörtern zu füllen. Sie lockte sie von den Seiten, als hätten sie nur auf ihre Stimme gewartet – lange und kurze, spitznasige und weiche, schnurrende, gurrende Wörter. Sie tanzten durchs Zimmer, malten Bilder aus buntem Glas und kitzelten auf der Haut.

Dieses Gefühl von Liebe wollte die kleine Geschichte für immer einfangen. Mal schwebend, mal springend tanzte sie sich durch die Welten, konnte nirgends länger als einen kleinen Moment verweilen, wurde immer von der nächsten Wolke fortgetragen. „Dieses Gefühl muss es sein", sagte sie sich.

„Willst du immer weiter schweifen?
Sieh, das Gute liegt so nah.
Lerne nur das Glück ergreifen,
Denn das Glück ist immer da."

In diesem Moment hatte die kleine Geschichte beschlossen, dass sie andere berühren wollte. Sie wollte eine gefühlvolle Geschichte von Liebe und Freundschaft erzählen. Aber wäre sie denn überhaupt in der Lage, derartige Emotionen ergreifend darzustellen? Oftmals fehlten einfach die passenden Worte. Die kleine Geschichte erinnerte sich an einen ganz besonderen Augenblick zurück:

„Sie hörte es nicht, las es aber von seinen Lippen. Und obwohl keiner von beiden auch nur ein Wort verstehen konnte, sprachen sie miteinander. Über Dinge, die gesagt werden mussten, ehe es zu spät war. Darüber, wie gut es war, jemanden so zu lieben, dass man selbst das Schwerste nicht zu fürchten brauchte. Darüber sprachen sie, obwohl kein Wort zu verstehen war."

Und wieder zweifelte die kleine Geschichte an der Entscheidung, über Liebe zu schreiben. Liebe, was war das eigentlich? Konnte man so etwas Großes und fast Unbegreifliches tatsächlich in Worte fassen? Melancholisch setzte sie ihre Suche fort, überzeugt, dass diese unendlich sein würde.

3

Die kleine Geschichte strich weiter durch die Lande, ohne ein Ziel oder auch nur eine Richtung im Sinn zu haben. So geriet sie in eine furchterregende Stadt, die ganz aus Geisterschlössern und Spukhäusern zu bestehen schien. Alle Gebäude, ob klein und geduckt oder palastartig mit grausigen Fassaden, waren verlassen und so war es totenstill in der Stadt, doch es lag noch ein Geruch von Fäulnis in der Luft. Plötzlich erblickte sie in einem dunklen Hinterhof zwei sehr ungleiche Gestalten. Das eine war ein kleiner Junge mit olivgrüner Haut und blauschwarzen Haaren in einem purpurnen Mantel. Das andere war ein gewaltiger schwarzer Wolf, der der Dunkelheit selbst zu entstammen schien und dessen Augen grün glühten. Er war ausgemergelt und sein Atem ging röchelnd – es wirkte ganz so, als stünde sein Tod kurz bevor –, doch nichtsdestotrotz konnte man bei seinem Anblick nichts als Angst fühlen, tiefer als jeder Schrecken, den man bis dahin erlebt haben mochte. Zum Glück für den Jungen war er jedoch angekettet.

„Hast du das Nichts gesehen, Söhnchen?"

„Ja, viele Male."

„Wie sieht es aus?"

„Als ob man blind wäre."

„Nun gut – und wenn ihr da hineingeraten seid, dann haftet es euch an, das Nichts. Ihr seid wie eine ansteckende Krankheit, durch die die Menschen blind werden, sodass sie Schein und Wirklichkeit nicht mehr unterscheiden können. Weißt du, wie man euch dort nennt?"

„Nein", flüsterte der Junge.

„Lügen!", bellte der Wolf.

Die kleine Geschichte fuhr zusammen und eilte aus der grausigen Stadt und von dem Wolf davon. Nein, dachte sie, so etwas darf mir nicht passieren. Ich will keinem Nichts anheimfallen und darin untergehen! Ich will von den Menschen nicht als Lüge missbraucht werden!

Also musste die Geschichte endlich eine Handlung finden und es musste etwas sein, woran die Menschen auch glaubten.

Wissenschaft, kam es ihr da plötzlich in den Sinn. Natürlich, an Wissenschaft musste man ja glauben. Aber Wissenschaft an sich war so unheimlich trocken. Sie wollte ja eigentlich kein Sachtext werden, sondern eine schöne Geschichte. Vielleicht also besser etwas über einen Wissenschaftler. Ja, das war doch schon besser. Etwas Handfestes, aber dennoch eine Geschichte.

Prompt traf sie auch schon auf einen. Einen großen sogar, der sehr viel wusste, aber immer noch mehr wollte, bis hin zu dem, was die Welt im Innersten zusammenhält. Auch er befand sich im Gespräch mit einer äußerst beunruhigenden Gestalt, einem Junker mit einer Hahnenfeder am Hut. Dieser sprach von sich selbst als dem „Geist, der stets verneint" und einem „Teil von jener Kraft, die stets das Böse will und stets das Gute schafft".

Diese Wissenschaftler sind immer so übermütig, ja, fast größenwahninnig, und deshalb auch anfällig für Verführung durch das Böse. Also musste die kleine Geschichte auch diesen Versuch als gescheitert ansehen. Vielleicht also doch einfach nur ein Sachtext?

Sie machte sich auf, um ein wissenschaftliches Thema zu finden. Und da gab es eine Menge. Zunächst dachte sie an Politik, sah sich von Schaubildern über Wahlsysteme und Parteiorganisation umgeben, dann an Wirtschaft, wobei sie von Diagrammen und Tabellen umschwirrt wurde. Ihr kamen Rechtswissenschaften in den Sinn, Hunderte und Tausende von Paragrafen. Oder vielleicht doch lieber etwas über

Sprachen? Literaturwissenschaften, sie könnte sich mit ihresgleichen beschäftigen. Ein Text über Texte also. Oder eine andere Richtung der Kunst? Musik oder Malerei? Was war mit Naturwissenschaften, zum Beispiel Physik oder Biologie? Oder vielleicht doch etwas Historisches? Lieber Philosophie statt Psychologie? Der Gedanke an Mathematik rief riesige Zahlenkolonnen und Formeln hervor. Als die Geschichte dann an Chemie dachte und von Molekül- und Atommodellen umtanzt wurde, hatte sie eine plötzliche Erkenntnis, die der Flut an Themen Einhalt gebot. Es gab auch Geschichten zwischen und hinter all diesen Dingen. Bei den Elementen beispielsweise gab es welche über einen Eugeniker, der Germanium einsetzte, um einen Nobelpreis zu stehlen. Geschichten über Natrium, das in Flüssen explodierte und Fische tötete. Geschichten über Menschen, die in Raumgleitern einen schnellen Tod durch Stickstoffgas starben. Oder die Geschichte eines Professors, der mit einem plutoniumbetriebenen Herzschrittmacher in der eigenen Brust experimentierte.

Damit noch immer beschäftigt, spazierte die kleine Geschichte durch einen Wald, und als wolle sie nun bei allem etwas dahinter finden, blickte sie hinter einen großen Stein. Dort fand sie eine kleine Blindschleiche und freute sich über den Anblick ihres bronzefarben glänzenden Körpers. So möchte ich auch sein, dachte sie, etwas Kleines und Unerwartetes, aber sehr Schönes, über das sich viele freuen, die mich lesen. Und wer weiß, dahinter steckt ja oft das Potenzial, noch etwas ganz Großes zu werden.

4

Die kleine Geschichte beschloss, der Blindschleiche zu folgen und sich anzuschauen, was diese so trieb den lieben langen Tag. Womöglich, hoffte sie, könnte sie da Inspiration finden.

Inspiration, dachte sie. Wie hatten all die Geschichten vor ihr nur ihre Inspiration gefunden? Konnte man darauf warten, dass die Inspiration zu einem kam, oder musste man sie selber aktiv suchen? Vielleicht einfach nur denken oder andere Menschen beobachten und ihre Geschichten übernehmen, ausschmücken? Andererseits könnte man sagen, dass es viel spannender sei, etwas ganz Neues oder gar Verrücktes zu erfinden. Es gibt so viele unterschiedliche Herangehensweisen und Vorstellungen, wie eine Geschichte entstehen könnte und sollte. Der Beruf des Autors ist schon etwas Faszinierendes, zu blöd nur, dass sich für mich kein Autor findet, seufzte die kleine Geschichte. Aber es könnte ja sein, dass mich die Blindschleiche zu einem Autoren führt. Was für ein lächerlicher Gedanke! Das war doch nur so ein kleines, jämmerliches Tier. Wie um alles in der Welt könnte sie mir helfen? Den ganzen Tag lang kriecht sie umher, frisst und ist überhaupt total überflüssig.

Obwohl sie so schimpfte und die arme Blindschleiche beleidigte, trottete sie ihr langsam hinterher, als würde sie magisch angezogen. Magie. Warum war sie nicht gleich darauf gekommen?! Das wäre doch ein tolles Thema für sie, freute sich die kleine Geschichte. Und als hätte man ihre Gedanken gelesen, sah sie plötzlich einen großen, beeindruckend aussehenden Mann mit langem weißen Haar, einem violetten Umhang und einem knallgelben, so gar nicht zu dem Umhang passenden Spitzhut. In der rechten Hand hielt er einen kleinen Stock. Wie ein gewöhnlicher Stock sah er aber nicht aus. Dazu war er zu edel und zu fein gemacht. Das konnte nur ein Zauberstab sein. Und der Mann konnte nur ein Zauberer sein. Obwohl seine Begleiter nicht zu sehen waren, war der Mann eindeutig nicht alleine, denn plötzlich sage er: „Harry Potter. Er wird der Einzige sein, der uns retten kann, versteht das doch! Harry ist unsere letzte Hoffnung. Vertraut ihm." Ob dieser ominöse Harry Potter wohl auch die kleine Geschichte retten würde? Magie. Von Magie könnte sie doch wirklich handeln. Es musste nicht mal unbedingt etwas Magisches sein, einfach etwas Ausgedachtes, Erfundenes. Sie könnte in anderen Welten spielen. In Welten, die sie sich selbst erschaffen hat. Auch ganz eigene Kreaturen könnte sie erschaffen. Dann mit einem Mal kam der kleinen Geschichte wieder die Blindschleiche in den Sinn. Sie musste schon ein wenig bodenständig bleiben. Sich an etwas Echtem orientieren. Sich total wilde Dinge auszudenken, war schließlich nicht schwer. Jeder Irre konnte das. In diesem Moment wünschte sich die kleine Geschichte nichts sehnlicher, als den Lebensinhalt der Blindschleiche erfahren zu können. Er musste ganz bestimmt faszinierend sein. Es wäre sicher spannend, wenn sie eines Morgens aus unruhigen Träumen erwachte und sich in ihrem Bett verwandelt zu einer ungeheuren Blindschleiche vorfände.

Aus irgendeinem Grund schien sich die kleine Geschichte keine abschließende Meinung über die Blindschleiche machen zu können. Sie konnte es einfach nicht. Dieses kleine Wesen war einfach zu mysteriös. Mit ihrer Suche nach einem Inhalt und einem Thema schien die kleine Geschichte auch nicht wirklich weiter zu sein. Mittlerweile sah es fast so aus, als wäre es hoffnungslos. Hass begann in ihr hochzubrodeln. Sie spürte den Hass tief in sich. Den Hass und das Feuer. Dabei war sie gar nicht krank oder hatte etwas anderes Schreckliches wie ein echtes Feuer am eigenen Leib erfahren müssen. Aber es war fast noch schlimmer. Sie war enttäuscht. So unglaublich enttäuscht von sich selbst und der Welt der Geschichten.

5

Frustriert wandte die Geschichte sich von der Blindschleiche ab. Ihr eigenes Leben mochte der Blindschleiche noch so faszinierend erscheinen, aber wie würde die Geschichte das jemals herausfinden? Sie konnte ja keine Gedanken lesen. Und so wanderte sie weiter durch die Welt, in der Hoffnung, irgendwo auf eine Inspiration zu stoßen. Doch alles war so grauenvoll normal in dieser Welt, es war zum aus der Haut Fahren! Sie wäre mit einem Male glücklich, wenn sie irgendwo eine Sturmglocke hörte, wenn sie die Menschen herumrennen sähe mit angstzerfetzten Gesichtern, wenn das Volk aufgestanden wäre und eine Straße hell wäre von Piken, Säbeln, begeisterten Gesichtern und aufgerissene Hemden. Ja, eine Revolution oder ein Krieg, dort wurden Helden gemacht, davon könnte sie handeln, dachte sich die Geschichte im Stillen. Doch wohin sie auch sah, erblickte sie nur Frieden. Lachende Gesichter, spielende Kinder. Abstoßend! So normal! Wer wollte so etwas schon lesen?

So zog sie weiter, bis sie irgendwann an einen alten, weisen Mann geriet, der Mitleid mit ihr hatte. „Siehst du," sagte er, „es ist so: Manchmal hat man eine sehr lange Straße vor sich. Man denkt, die ist so schrecklich lang, die kann man niemals schaffen, denkt man."

Er blickte eine Weile schweigend vor sich hin, dann fuhr er fort: „Und dann fängt man an, sich zu eilen. Und man eilt sich immer mehr. Jedes Mal, wenn man aufblickt, sieht man, dass es gar nicht weniger wird, was noch vor einem liegt. Und man strengt sich noch mehr an, man kriegt es mit der Angst zu tun, und zum Schluss ist man ganz aus der Puste und kann nicht mehr. Und die Straße liegt immer noch vor einem. So darf man es nicht machen!"

Er dachte einige Zeit nach. Dann sprach er weiter: „Man darf nie an die ganze Straße auf einmal denken, verstehst du? Man muss nur an den nächsten Schritt denken, den nächsten Atemzug, das nächste Wort. Und immer wieder nur das nächste." Wieder hielt er inne und überlegte, bevor er hinzufügte: „Dann macht es Freude, das ist wichtig, dann macht man seine Sache gut. Und so soll es sein."

Die Geschichte zog weiter. Sie verstand zunächst nicht, was der Mann ihr sagen wollte. Sie war schon lange unterwegs, hatte viel gesehen und bewegte sich dabei recht flott, wie sie fand.

Doch je weiter sie ging, je mehr sie sah, je mehr sie über das Fehlen von Inspiration frustriert war, je öfter sie sich einreden musste, dass irgendwie schon alles gut werden würde, desto mehr sann sie über die Worte des Mannes nach, und ihr wurde allmählich klar: Er sprach gar nicht über das rein körperliche Vorwärtskommen auf einer reellen Straße, sondern vielmehr über das Finden von Inspiration. Es brauchte gar keine großen Katastrophen oder fremde Welten, um eine interessante Geschichte sein zu können. Überhaupt, es brauchte nicht einmal ein besonders ernstes Thema. Woran dachte eigentlich eine Kuh, die vom Bauer gemolken wurde? Und warum sollte man denn keine Geschichte über spielende Kinder sein können? Kurzum, die Geschichte hatte mit Freuden erkannt, dass es mehr als genug Inspiration in der Welt gab, wenn man nur offen war. Und sie hatte außerdem erkannt, dass Frustration und Ärger bei der Suche nicht halfen.

Gedankenverloren schlenderte die Geschichte in einen nahe gelegenen Wald, wo sie auf etwas traf, das zu finden sie bis vor einigen Stunden nicht zu hoffen gewagt hatte.

6

Es war ein glasklarer See inmitten einer sonnigen Lichtung, umrandet von jenen majestätischen und uralten Eichen, welche ihr bereits auf dem gesamten Wege aufgefallen waren. Nebelschwaden hingen über dem Wasser. Sie dämpften das Sonnenlicht und schufen eine beruhigende, beinahe schon melancholische Stille. Lediglich einige Vögel hörte sie zwitschern. Behutsam trat die Geschichte ans Ufer des Sees. Sie beugte sich langsam vor und wagte einen neugierigen Blick in den Seespiegel. Dank des klaren Wassers sah sie all die Feinheiten, all die Konturen des Grundes. Die Geschichte spürte förmlich, wie erholsam sich diese unberührte Einsamkeit auf sie auswirkte. Langsam ging die Sonne unter, doch ihr Abschied war nicht so farbenfroh wie sonst. Nur grau. Dieses Grau vermischte sich mit der hereinbrechenden Dunkelheit der Nacht. Und mit ihr kam auch die totale Stille. Es war unheimlich still in dieser Nacht. In dieser verhängnisvollen Nacht. Sie beobachtete den Sternenhimmel, als plötzlich ein Hoffnungsschimmer am Nachthimmel auftauchte. Ihre Rettung. Ihr Wegweiser. Voller Hoffnung brach sie auf und folgte dem glitzernden Stern. Und wieder rannte sie. Sie rannte und rannte, schöpfte ihre letzten Kräfte aus. Bald war sie angekommen.

Der Weg hatte sie entlang eines Baches geführt. Abermals stand die Geschichte an einem kleinen See. Wieder ging sie vor, um auf den Grund zu schauen. Doch es war etwas windiger geworden. Immer wieder trieb der Wind kleine Wellen vor sich her, sodass die Oberfläche erkennbar spiegelte. Die Geschichte konzentrierte sich, um das Bild zu erkennen, welches sich auf der Wasseroberfläche abzeichnete, als sie plötzlich ...

Der alte Mann schreckte auf. Er ertastete seine Brille, welche etwas verdeckt unter einer Fülle von Büchern auf seinem Schreibtisch gelegen hatte. Müde warf er einen Blick auf seine Taschenuhr. Es war bereits spät in der Nacht. Der Mann klappte das große lederne Buch zu, in welchem er am frühen Abend geschrieben und vor welchem er die letzten Stunden verträumt hatte. Er stand auf und ging zu einem kleinen Schrank. Dort verstaute er das Buch. Er legte sich in sein Bett, doch bevor er einschlafen konnte, musste er immer und immer wieder über seine Werke nachdenken. Seit vielen Jahren bereits hatte er die Literatur und das Schreiben für sich entdeckt. Besonders im letzten Jahr, als der mittlerweile pensionierte Lehrer eine Klasse mit jungen Autorinnen und Autoren unterrichtete, weckte der Austausch mit diesen wieder seine Motivation zu schreiben.

Immer und immer wieder war er auf der Suche nach idealen Motiven, nach einem geeigneten Kern einer Geschichte. Dabei drang er in Gedanken oftmals tief in das Geschehen der Geschichte ein, ja, beinahe kam er sich wie die Geschichte selbst vor.

Und trotzdem. Je öfter er seine Geschichten im Kopf auch durchspielen mochte, je neugieriger, kreativer und erfinderischer er an die Sache heranging, immer wieder endete alles mit seinem eigenen Spiegelbild.

Denn letzten Endes ist es nicht die Handlung, die der Geschichte Ausdruck verleiht, es ist der Autor, welcher hinter dieser Handlung steht, sie produziert, verbessert und all ihrer Einzelheiten Quelle ist.

Er ist es, der Autor, der nicht nur Geschichten, sondern eben auch seine ganz persönliche Geschichte schreibt ...

ZITATE

Aus 1: *„Stadt ganz aus Eisen, Kupfer und Messing, von Bächen aus Öl und Säure durchflossen. In den Dachgiebeln hingen sich als solche bezeichnende 'Ledermäuse', die sich darüber amüsierten, Meister der bakteriellen Kriegsführung zu sein, und eine weitere merkwürdige Kreatur gab ihr den Rat, niemals aus der Sicht einer Türklinke ..."* -- Walter Moers, *Der Schrecksenmeister. Stadt der träumenden Bücher.*

„... weißes Kaninchen mit roten Augen in den Weg, zog seine Uhr aus der Westentasche, und bevor es möglich gewesen wäre, es zu fragen, wohin es denn wolle, war es auch schon wieder in einem Loch in der Hecke ..." -- Lewis Carrol, *Alice im Wunderland.*

„Es geht nichts über das Suchen, wenn man etwas finden will. Zwar findet man bestimmt etwas, aber gewöhnlich ist es durchaus nicht das, was man gesucht hat." -- J. R. R. Tolkien, *Der Hobbit.*

„Du wirst für mich einzigartig sein. Und ich werde für dich einzigartig sein in der ganzen Welt." -- Antoine de Saint-Exupéry, *Der kleine Prinz.*

Aus 2: *„Na, hörst du! Wenn jemand so scheußliche grüne Haare hat, sollte er lieber ganz still sein. Wie kann ein Mensch nur so grüne Haare haben!" „Entschuldige", wandte der kleine Wassermann ein. „Ich bin ja gar kein Mensch. Ich bin ja ein Wassermann." „Was? Ein Wassermann? Dass ich nicht lache! Und so einen Unsinn soll ich dir auch noch glauben?" „Wieso ist* *das Unsinn? Es stimmt doch", sagte der kleine Wassermann. „Ja, es stimmt, dass du dumm bist. Ein Wassermann willst du sein? Ach, du meine Güte, ein Wassermann! Hat man denn so etwas schon gehört? Wassermänner gibt es doch gar nicht!"* -- Otfried Preußler, *Der kleine Wassermann.*

„Mo begann, die Stille mit Wörtern zu füllen. Er lockte sie von den Seiten, als hätten sie nur auf seine Stimme gewartet – lange und kurze, spitznasige und weiche, schnurrende, gurrende Wörter. Sie tanzten durchs Zimmer, malten Bilder aus buntem Glas und kitzelten auf der Haut." -- Cornelia Funke, *Tintenherz.*

„Willst du immer weiter schweifen? Sieh, das Gute liegt so nah. Lerne nur das Glück ergreifen, Denn das Glück ist immer da." -- Johann Wolfgang von Goethe, *Erinnerung.*

„Ronja hörte es nicht, las es aber von seinen Lippen. Und obwohl keiner von beiden auch nur ein Wort verstehen konnte, sprachen sie miteinander. Über Dinge, die gesagt werden mussten, ehe es zu spät war. Darüber, wie gut es war, jemanden so zu lieben, dass man selbst das Schwerste nicht zu fürchten brauchte. Darüber sprachen sie, obwohl kein Wort zu verstehen war." -- Astrid Lindgren, *Ronja Räubertochter.*

Aus 3: *„Hast du das Nichts gesehen, Söhnchen?" – „Ja, viele Male." – „Wie sieht es aus?" – „Als ob man blind ist." „Nun gut – und wenn ihr da hineingeraten seid, dann haftet es euch an, das Nichts. Ihr seid wie eine ansteckende Krankheit, durch die die Menschen blind werden, sodass sie Schein und Wirklichkeit nicht mehr unterscheiden können. Weißt du, wie man euch* *dort nennt?" – „Nein", flüsterte der Junge. „Lügen!", bellte der Wolf.* -- Michael Ende, *Die Unendliche Geschichte.*

„Ich bin der Geist, der stets verneint" und *„Teil jener Kraft, die stets das Böse will und stets das Gute schafft"* -- Johann Wolfgang von Goethe, *Faust. Der Tragödie erster Teil.*

„... einen Eugeniker, der Germanium einsetzte, um einen Nobelpreis zu stehlen. Geschichten über Natrium, das in Flüssen explodierte und Fische tötete. Geschichte über Menschen, die in Raumgleitern einen schnellen Tod durch Stickstoffgas starben. Oder die Geschichte eines Professors, der mit einem plutoniumbetriebenen Herzschrittmacher in der eigenen Brust experimentierte." -- Sam Kean, *Treffen sich zwei Elemente ...*

Aus 4: Anspielungen auf Geschichten der Blindschleichen (*Beruf des Autors, Hass, Feuer*).

„Harry ist unsere letzte Hoffnung. Vertraut ihm" – J. K. Rowling, *Harry Potter.*

„Es wäre sicher spannend, wenn sie eines Morgens aus unruhigen Träumen erwachte und sich in ihrem Bett verwandelt zu einer ungeheuren Blindschleiche vorfände." -- Franz Kafka, *Die Verwandlung.*

Aus 5: *„... wenn [ich] irgendwo eine Sturmglocke hörte, wenn [ich] die Menschen herumrennen sähe mit angstzerfetzten Gesichtern, wenn das Volk aufgestanden wäre und eine Straße hell wäre von [Pieken], Säbeln, begeisterten Gesichtern, und aufgerissene Hemden."* -- Aus den Tagebüchern des Georg

Heym, 15.09.1911.

„... je öfter sie sich einreden musste, dass irgendwie schon alles gut werden würde ..." -- Teresa Niessing, *Alles wird gut.*

„Siehst du,[Momo]", sagte er, „es ist so: Manchmal hat man eine sehr lange Straße vor sich. Man denkt, die ist so schrecklich lang, die kann man niemals schaffen, denkt man." Er blickte eine Weile schweigend vor sich hin, dann fuhr er fort: „Und dann fängt man an, sich zu eilen. Und man eilt sich immer mehr. Jedes Mal, wenn man aufblickt, sieht man, dass es gar nicht weniger wird, was noch vor einem liegt. Und man strengt sich noch mehr an, man kriegt es mit der Angst zu tun, und zum Schluss ist man ganz aus der Puste und kann nicht mehr. Und die Straße liegt immer noch vor einem. So darf man es nicht machen!" Er dachte einige Zeit nach. Dann sprach er weiter: „Man darf nie an die ganze Straße auf einmal denken, verstehst du? Man muss nur an den nächsten Schritt denken, den nächsten Atemzug, [den nächsten Besenstrich]. Und immer wieder nur [den nächsten]." Wieder hielt er inne und überlegte, bevor er hinzufügte: „Dann macht es Freude, das ist wichtig, dann macht man seine Sache gut. Und so soll es sein." -- Michael Ende, *Momo.*

Aus 6 (aus Geschichten der Blindschleichen): *„Langsam geht die Sonne unter, doch ihr Abschied ist nicht so farbenfroh wie sonst. Nur grau. Dieses Grau vermischt sich mit der hereinbrechenden Dunkelheit der Nacht. Und mit ihr kommt auch die Stille. Es ist unheimlich still diese Nacht. In dieser verhängnisvollen Nacht. Sie beobachtet den Sternenhimmel,* *als plötzlich ein Hoffnungsschimmer am Nachthimmel auftaucht. Ihre Rettung. Ihr Wegweiser. Voller Hoffnung bricht sie auf und folgt dem glitzernden Stern. Und wieder rennt sie. Sie rennt und rennt, schöpft ihre letzten Kräfte aus. Bald ist sie angekommen."* -- Anja Benderoth, *Träume werden wahr.*

„Er stand auf und ging zu einem kleinen Schrank. »Sie sollten viel schlafen ... Ich wohl auch«, seufzte er, als er einige Pillen aus dem Schrank kramte und mir ein Glas Wasser brachte." -- Adrian Welcker, *Die Wiedergutmachung*

„Müde warf er einen Blick auf seine Taschenuhr. Es war bereits spät in der Nacht" -- Sven Eschlbeck, *Gesellschaft im Tiefflug*

Michael Rusch - Die ewige Nacht, AAVAA Verlag, € 11,95

Der böse Zauberer Bossus riss die Macht an sich und unterwarf die Welt. Seine Macht übte er aus dem Schrein des Bösen aus, den er in den Bergen versteckt hatte.
Durch einen Zauber verdunkelte er die Erde, die 500 Jahre währende Nacht brach an. Terror und Willkür übernahmen die Herrschaft. Viele Fabelwesen wurden von Bossus vernichtet. Doch eine Prophezeiung sagte das Ende von Bossus' Herrschaft voraus. Dem jungen Wasgo ist es bestimmt den weisen Zauberer Jodaryon, der von Bossus gefangen gehalten wird, zu befreien. Gemeinsam nehmen sie den Kampf gegen den bösen Zauberer auf.

Michael Rusch u. Thomas Striebig - Luzifers Krieg, AAVAA Verlag, € 11,95

Nach 500 Jahren ist die Ewige Nacht endlich Vergangenheit. Bossus' schwarze Seele empfängt im Fegefeuer ihre verdiente Strafe. Doch selbst in der Hölle wartet er auf eine Möglichkeit, auf die Erde zurückzukehren. Es gelingt ihm, den Höllenfürsten Luzifer zu einem verheerenden Krieg gegen die Welt zu bewegen. Gleichzeitig droht eine zweite Gefahr: Die Vampire, eben noch im Kampf gegen Bossus zuverlässige Verbündete, terrorisieren von Transsilvanien aus die Menschen. Gefahr von allen Seiten, der Tod bedroht auch die Zauberer Jodaryon und Wasgo. Aber kampflos räumen sie das Feld nicht ...

Michael Rusch - Angriff aus dem Himmel, AAVAA Verlag, € 11,95

Auf der Suche nach einer neuen Bleibe erreichen die Xyloten mit ihren Raumschiffen die Erde. Da die ihnen einladend erscheint, beschließen sie, kurzerhand die Menschen zu vernichten. Aber ganz so einfach wird die Sache für sie nicht, denn auf der Erde herrschen die Zauberer Jodaryon und Wasgo.

Mit Hilfe eines jungen Drachens nimmt Wasgo den Kampf gegen die Außerirdischen auf. Derweil begibt sich Jodaryon, der spürt, dass seine magischen Kräfte immer mehr abnehmen, auf die Wanderschaft, um auch die Menschen in fernen Ländern vor den Eindringlingen zu warnen. Allerdings bewirkt er etwas ganz anderes als geplant. Etwas, womit nun wirklich niemand hatte rechnen können.

Nicht genug damit, beschließt auch die im Fegefeuer schmorende schwarze Seele des einstigen Weltherrschers Bossus, sich wieder in das Geschehen auf der Erde einzuschalten, um wieder an die Macht zu kommen ...

Michael Rusch - Bossus' Rache, AAVAA Verlag, € 11,95

Der einstige Herr der Welt, Jodaryon, kommt aus Ägypten zurück – aber er ist nur noch ein Schatten seiner selbst. Allerdings verdichtet sich der Verdacht, dass mit ihm irgendetwas nicht stimmt. Dann überschlagen sich die Ereignisse. Der einstige böse Weltherrscher Bossus hat einen Riesendrachen geschaffen, der die Sonne vernichten soll – und nur Wasgos Drache Inflamma kann das verhindern. Zu allem Überfluss wird kurz darauf auch Wasgo von Luzifer in die Hölle entführt und die Menschheit scheint den Machtgelüsten des bösen Bossus hilflos ausgeliefert. Schon hat Bossus die Ewige Nacht wiederhergestellt und die Lage erscheint völlig aussichtslos …

Nadine Haas – Simon und die Knittermännchen, Verlag Die Blindschleiche, € 9.99

Jeder Mensch besitzt, ohne es zu ahnen, ein Knittermännchen. Wie wichtig diese kleinen und äußerst liebenswürdigen Kerlchen für einen jeden von uns sind, bekommt Simon sofort zu spüren, als sein Knittermännchen eines Tages plötzlich nicht mehr da ist. Bald schon erfährt der Junge, dass mehr hinter diesem Verschwinden steckt. Um sein Knittermännchen wieder zu erlangen, begibt sich Simon auf eine turbulente, bunte und verrückte Reise voller Magie und Fantasie, lustiger Charaktere und vor allem jeder Menge Abenteuer. Eine Reise in eine fantastische Welt, bei der es letztlich die Kraft des Mutes und der Freundschaft ist, die einen kleinen Jungen zu einem großen Helden werden lässt.

Ödipus der Große, Komödie nach Sophokles in sechs Szenen, Books on Demand Norderstedt, € 6,90

Die blutrünstige Sage des Königs Ödipus, der unwissentlich seinen Vater tötet und seine Mutter heiratet, als Komödie – wie geht denn das? Gut geht das!
Es fehlt in Striebigs Ödipus-Version nicht an Pointen und Situationskomik. Die Geschichte spielt in einem antiken Griechenland, das stark an unsere Gegenwart erinnert – mit Fernsehen, Handys usw. Und mehr noch erinnert der König Ödipus an unsere Zeit, zumal dann, wenn er seiner von einer Pestepidemie heimgesuchten Bevölkerung per TV Trost spenden will. Das klingt dann z. B. so:
„Also ans Werk! Das, meine lieben Zuhörerinnen und Zuhörer draußen an den Fernsehgeräten, ist das Gebot dieser ernsten Stunde. Ernst ist diese Stunde, ja, aber nicht verzweifelt. Ich bin fest davon überzeugt, dass wir die Talsohle erreicht, ja, bereits durchschritten haben. Noch einige Tage durchhalten, nur noch einige Tage, meine lieben Freunde, dann wird, dann muss es wieder aufwärts gehen, dann muss der Aufschwung kommen, dann wird Theben wieder zu der blühenden Landschaft werden, als die wir es alle kennen und lieben."
Bekanntlich ist Ödipus selbst die Ursache aller Schwierigkeiten. Und wie der Ödipus der antiken Sage wehrt er sich mit Händen und Füßen gegen diese Einsicht, bis auch für ihn kein Zweifel mehr möglich ist. Nun müsste er eigentlich, so endet die Sage, die Konsequenzen ziehen, abdanken, sich die Augen ausstechen und als blinder Bettler den Rest seines Lebens fristen. Aber hier kommt es ganz anders ...
Eine sehr bühnenwirksame Komödie, die sich auch für Liebhaberensembles bestens eignet.